CASA COMIGO?

CARO (A) LEITOR(A),

Queremos saber sua opinião sobre nossos livros.
Após a leitura, curta-nos no facebook.com/editoragentebr,
siga-nos no Twitter @EditoraGente,
no Instagram @editoragente
e visite-nos no site www.editoragente.com.br.
Cadastre-se e contribua com sugestões, críticas ou elogios.

JULIANA CALIL

Autora do best-seller *O sucesso é treinável*

CASA COMIGO?

Construa **ambientes** conectados à sua essência que potencializem o **bem-estar** e a **leveza**, priorizando seus objetivos e favorecendo a **prosperidade**

Diretora
Rosely Boschini

Gerente Editorial Pleno
Franciane Batagin Ribeiro

Assistente Editorial
Alanne Maria

Coordenação Editorial
Amanda Oliveira

Produção Gráfica
Fábio Esteves

Preparação
Fernanda Guerriero Antunes

Capa, Projeto Gráfico e Diagramação
Renata Zucchini

Revisão
Giovanna Caleiro

Impressão
Gráfica Assahi

Copyright © 2022 by Juliana Calil
Todos os direitos desta edição
são reservados à Editora Gente.
Rua Natingui, 379 - Vila Madalena
São Paulo, SP - CEP 05443-000
Telefone: (11) 3670-2500
Site: www.editoragente.com.br
E-mail: gente@editoragente.com.br

Dados Internacionais de Catalogação na Publicação (CIP)
Angélica Ilacqua CRB-8/7057

Calil, Juliana
    Casa comigo?: construa ambientes conectados à sua essência que potencializem o bem-estar e a leveza, priorizando seus objetivos e favorecendo a prosperidade / Juliana Calil. – São Paulo: Gente Autoridade, 2022.
    192 p.

ISBN 978-65-88523-53-7

1. Arquitetura 2. Harmonia (Estética) 3. Arquitetura - Aspectos psicológicos 4. Bem-estar 5. Feng-Shui I. Título

22-3151   CDD 720.1

Índice para catálogo sistemático:
1. Arquitetura sensorial

Nota da Publisher

Ter um lugar de descanso bonito, leve, funcional e harmônico é fundamental para a saúde mental e física de qualquer indivíduo. A casa em que vivemos precisa ser o ambiente ideal para encontrar pessoas, passar tempo com a família, organizar e planejar a realização de sonhos e, sobretudo, ser um ambiente seguro, no qual a sensação de acolhimento e conforto é constante.

Pensando nisso, *Casa comigo?*, livro de Juliana Calil, arquiteta e designer de interiores experiente, traz o que precisávamos para transformar nossa casa em um ambiente capaz de impulsionar todas as áreas da vida. Aqui, você aprenderá, caro leitor e cara leitora, como a disposição de móveis, objetos, cores e minerais podem tornar cômodos mais propícios a produtividade e a reconexão interna. Aprenderá, também, que o lugar em que vivemos precisa ser um ambiente calmo, de desconexão com o mundo lá fora.

Neste livro, Juliana Calil convida você a refletir sobre como podemos construir um lar conectado à nossa essência e aos propósitos de nossa vida. Mais do que isso: como cuidar ainda mais de sua casa, tornando-a uma ferramenta de transformação poderosa e significativa. Tenho certeza de que esta jornada será incrível. Boa leitura!

Rosely Boschini • CEO e Publisher da Editora Gente

*Dedicado a Domingos e Carolina.
Vocês são responsáveis pelo meu lar
ser um espaço a contemplar e,
com toda certeza, o lugar em que
mais almejo estar.*

MEU LAR

Meu Lar, meu canto,
pequeno, ou amplo,
na cidade, ou no campo,
é meu doce recanto

Onde fico à vontade,
não incomodo ninguém,
onde guardo a saudade,
onde me sinto bem

Meu mundo, meu paraíso,
lugar que eu reverencio,
onde é largo meu sorriso,
e meu espírito mais sadio

Meu lar é caseiro,
onde gosto de receber,
onde curto meu travesseiro,
onde tenho mais prazer

Meu lar é amado,
cada objeto tem história,
é um templo abençoado,
onde vivo a minha glória

Minha casa não tem segredo,
tem silêncio e festa,
lá não tenho medo,
lar onde Deus se manifesta

Casa, casinha, casarão,
o tamanho é insignificante,
lá cabe o meu coração,
isto já é dignificante

"Deus abençoe o meu lar,
Obrigada, por meu abrigar."

- Nilo Ribeiro

Agradecimentos

Agradeço a Deus, Meishu-Sama e meus antepassados pela oportunidade de evoluir na minha jornada por meio desta existência.

Agradeço a meus pais, Nelson e Sonia, minha querida avó Emma e minha madrinha, Neusa. Além de serem incríveis e verdadeiros exemplos de seres humanos pautados pela Verdade, pelo Bem e pelo Belo, eu os amo exatamente como são. Em especial, agradeço pela vida que me foi concedida, pelos princípios e valores que formaram o meu caráter e por proporcionarem minha base espiritual e acadêmica. Vocês são meus heróis, personificam a minha essência. Sinto-me privilegiada e admiro muito a minha família.

Agradeço às minhas irmãs, Paula e Gabriela, por nossa amizade, parceria e brincadeiras que me conduziram a querer organizar, arrumar, produzir cenários lúdicos e reais, como nosso quarto, e a descobrir meu verdadeiro talento desde a infância: a Harmonia.

Agradeço ao meu professor Egberto C. R. Rodrigues, por me encantar durante anos com suas aulas de História Geral na escola e fazer dessa matéria minha primeira paixão.

Agradeço à minha amiga Denise Carneiro Mangione, pois, mesmo sem saber, ela me conduziu ao caminho da Pintura, o que me levaria a descobrir minha segunda paixão: a Arte. Tudo isso, somado à História, me fez descobrir e escolher minha bela formação: Arquitetura.

Agradeço aos meus professores e mestres da memorável Faculdade de Belas Artes de São Paulo, que me moldaram e enriqueceram minha excelente formação acadêmica. Graças a eles, hoje posso contribuir para um mundo melhor.

Agradeço à minha amiga Rosana Spagnuolo Crespo, por tantos anos de amizade, paciência, companheirismo, escuta ativa, bibliotecas, cafés e museus. Obrigada por me apoiar e motivar a sempre seguir em frente com minhas ideias criativas e ousadas. Minha dupla, você é muito especial para mim. Sua amizade supre qualquer expectativa.

Agradeço aos meus mentores, em ordem cronológica: Koji Sakamoto, Jose Antonio Rosa de Camargo, Guilherme Lemke Motta e Joel Moraes Santos Junior. Vocês representam, em momentos diferentes da minha vida, exemplos de discernimento e sabedoria – cada um em sua área. Por meio de seus conhecimentos, pude me desenvolver e transformar-me numa pessoa muito melhor. Sou eternamente grata a todos vocês, e é uma honra que tenham feito parte da minha história.

Agradeço a Domingos Malfatti, meu marido e companheiro, pela lealdade, cumplicidade, amizade, paixão, paciência e honestidade; pelo diálogo, amor e ensinamentos de vida. Obrigada por respeitar meu espaço, validar minhas ideias e meus pontos fortes e compreender meus pontos fracos. Agradeço por cuidar da Carolina de forma tão nobre e única. Você é sensacional!

Agradeço singular e generosamente à minha filha Carolina, por me fazer ser mãe – e ser sua mãe em específico! Graças a você, sou uma mulher muito mais forte, resiliente, humilde, gentil, feliz e completa. Sinto-me realizada pela permissão de ter te dado a vida. Tenho orgulho de quem você é. Eu te amo ao infinito e além.

Agradeço à minha querida Dra. Adriana Maluf Elias, por sempre cuidar de mim e da minha filha nos momentos mais frágeis pelos quais passamos. Obrigada por confiar no meu trabalho e, também, pela amizade e pelo carinho de tantos anos. Sem palavras para descrever tamanha importância que você tem em nossa vida.

Agradeço a cada um dos meus clientes, pela oportunidade de servir e evoluir ao lado de vocês. Gratidão por confiarem no meu trabalho, por darem luz ao meu talento. Vocês são muito importantes para minha vida, para a realização de meu propósito escolhido. Sou muito grata por cada desafio, experiência, história, casa, transformação. Vocês me mostraram que eu posso projetar de um envelope a uma megalópole, além de serem essenciais na minha jornada, tornando a minha missão única e de vital importância: a de ser uma realizadora de sonhos.

E, claro, não poderia deixar de agradecer a meus amigos, sem os quais a vida com certeza seria muito mais vazia. Nossas trocas de energias positivas, aprendizados e experiências são vitais à minha felicidade. Gratidão por cada palavra, sorriso e companhia na hora certa. Eu amo vocês.

Agradeço também a Rosely Boschini, Fran Batagin, Alanne Maria e toda a equipe da Editora Gente, pela oportunidade de desenvolver mais um lançamento, meu segundo livro, cuja mensagem é: a importância de nos desenvolvermos e nos transformarmos por meio da harmonia em nossa casa.

Sumário

INTRODUÇÃO — 16

CAPÍTULO 1: ESCUTE SEU SILÊNCIO — 22

A influência do ambiente — 27

Você está perdido, mas não está sozinho — 32

CAPÍTULO 2: A ATMOSFERA DOS SENTIDOS — 40

Minha casa, meu espelho — 49

Compondo a Arquitetura Sensorial — 52

CAPÍTULO 3: L.A.B.O.R.A.T.Ó.R.I.O. SENSORIAL — 60

CAPÍTULO 4: L.EVEZA — 68

Leveza é performance — 69

A leveza de fora para dentro — 74

A leveza na casa-ambiente — 79

CAPÍTULO 5: A.TITUDE — 84

Atitude, o poder da decisão e da ação, do movimento — 85

Atitude em casa — 86

CAPÍTULO 6: B.EM & BELEZA — 90

CAPÍTULO 7: O.RDEM & HARMONIA — 102

Vamos começar a colocar ordem por aí? — 105

Como saber se tenho coisas demais? — 109

A ordem e a harmonia na casa-corpo — 119

CAPÍTULO 8: R.ECURSOS NATURAIS — 126

CAPÍTULO 9: A.RTE — 132

CAPÍTULO 10: T.ESÃO & TRABALHO — 140

CAPÍTULO 11: O.TIMISMO — 148

CAPÍTULO 12: R.ESSIGNIFICAÇÃO — 162

CAPÍTULO 13: I.NTENCIONALIDADE — 168

CAPÍTULO 14: O.RAÇÃO — 174

CAPÍTULO 15: ARQUITETANDO HARMONIA — 180

O caminho da prosperidade — 186

Introdução

Já parou para pensar em quantos anos são necessários para começar a refletir a respeito das escolhas que fazemos e daquilo com o que realmente nos comprometemos?

Aos 11 anos, meus talentos afloraram com força e veracidade, e isso me permitiu determinar minha carreira aos 13 anos; aos 16, já namorava meu futuro marido; me formei arquiteta aos 22; casei-me aos 26; tive minha filha aos 30; me divorciei aos 31; "me retirei de cena" aos 32 (nesse ínterim, tive depressão); casei-me de novo aos 34; e ressuscitei aos 39, num ciclo que durou entre sete e nove anos, em que só parei para refletir sobre as minhas escolhas ao chegar aos 40! Ufa!

Quantas decisões e atitudes nos levam a destinos diferentes, inusitados e inerentes a nossas reais escolhas durante quase metade da nossa vida sem nos darmos conta disso?

Já se sentiu assim? Inúmeros planos, carreiras em plena ascensão, projetos e realizações que, somados à correria do dia a dia, não deixam tempo, maturidade e/ou verdadeira percepção para refletir que cada resolução nos leva a uma rota diferente, dentre as diversas variações que poderiam ser escolhidas durante o caminho.

CASA COMIGO?

Você já teve a oportunidade de refletir sobre o fato de que muitas dessas decisões foram tomadas quase automaticamente? Existem, também, aquelas bem planejadas, quando imaginávamos que poderíamos controlar o futuro e alcançar objetivos que idealizávamos. No entanto, será que estes são nossos reais e verdadeiros sonhos? Ou foram projetados, absorvidos, ampliados e sustentados por dogmas, religião, família, professores, mestres, amigos, relacionamentos tóxicos (ou não), networking, clientes, carreira – aos quais atribuímos valores e crenças que adquirimos ao longo da jornada –, e que, ainda assim, nos deixam sem entender quem somos de fato? Aconteceu comigo! E paguei um preço alto: saúde, dinheiro e tempo – este último, o ativo mais precioso de todos.

Sentia-me inebriada por tantos acontecimentos incríveis em minha trajetória! Muita dedicação aos estudos, além da forte paixão por História e Arte, conduziram-me a uma profissão que envolvesse meus talentos e minhas paixões. Sempre gostei de planejar cada etapa da vida das pessoas por meio de suas casas, de ser uma solucionadora de problemas ao buscar o belo, usando a harmonia e a criatividade. Alcancei o sucesso na carreira antes dos 30 anos, com obras de arquitetura prestigiadas. Meu casamento se realizou da maneira como idealizei. A gravidez foi sincronizada ao meu desejo e ao tempo escolhido por mim para ser mãe. Sentia-me saudável, feliz e bela.

Com os melhores projetos pessoais e profissionais acontecendo simultaneamente, tinha grandes expectativas para um futuro brilhante, e muitos desejavam estar no meu lugar. As perspectivas eram tão reluzentes que acabaram me cegando. Quando finalmente consegui enxergar o que estava acontecendo, percebi que meu relacionamento já não existia mais, e então o meu mundo "desmoronou". Em algum momento,

Introdução

me afastei da minha essência sem me dar conta, e só bastante tempo depois entendi que disso sucedeu uma série de acontecimentos ruins, num verdadeiro efeito dominó. Notei, inclusive, a desconexão com a minha fé – e fé abalada, confiança extinta.

Dizem que o tombo é proporcional à altura do voo.

Depois desse tombo, levei anos de ajustes, reconhecimentos, ações, controle do ego e polimento da alma. Durante esse tempo, removi o véu inconsciente das expectativas dos outros e das projeções errôneas, trazendo a autorresponsabilidade para a minha vida. Tantos foram os questionamentos e reflexões, os processos de busca e desenvolvimento no autoconhecimento e as mudanças radicais no ambiente e de ambientes – e, consequentemente, de pessoas à minha volta. Todas as novas perspectivas e visões promoveram modificações não só em mim, mas em meu trabalho, multiplicando-se em meus clientes, amigos e seguidores, os antigos e os que adquiri ao longo dessa jornada.

Quanta gente conheci em meu círculo de amizades, redes de conhecidos, parceiros, fornecedores e, principalmente, clientes, mentores e educadores que, em algum momento, se depararam com esse sentir, passando por essa experiência. Por isso, decidi trazer à tona as reflexões que me permitiram reconhecer o problema e revelar as soluções que trouxeram os resultados eficazes e as ferramentas de transformação que funcionaram na minha vida e, acima de tudo, na vida dos meus clientes. Encontrei essa solução por meio da nossa CASA!

Isso mesmo! É em sua casa que você iniciará a transformação, de fora para dentro, com mais leveza e consciência, treinando a presença. Trata-se de transformar a sua casa para transformar a sua vida. Não há nada melhor que o nosso próprio lar. O local ideal para o nosso descanso e relacionamento conosco; onde a nossa família se desenvolve e a nossa vida acontece.

Acredite, o lugar no qual você está agora, seja ou não sua casa, influencia o seu comportamento por meio de cores, formas, temperatura, aromas, texturas, sons, luz, mobiliário, materiais e objetos. A maneira como tudo está disposto e arranjado dentro do espaço interfere diretamente em seu comportamento e nas coisas e pessoas que o rodeiam.

Apresentarei um compilado de técnicas, experiências, vivências aplicadas e ferramentas que aprendi com a minha formação em Arquitetura e Urbanismo e que, depois, pude colocar em prática nos meus projetos e nas aulas que ministrei. Desde então, continuei estudando e me aprimorando em todas as áreas fundamentais para pensar, projetar e construir espaços, a fim de proporcionar uma melhor interação entre cada cliente e o seu entorno, abrangendo suas expectativas, traços de personalidade em nível astrológico, locais que o beneficiem, que potencializem suas maiores virtudes e seus pontos fortes, neutralizando zonas desfavoráveis.

Para isso, além da Arquitetura, complementei minha formação com cursos de Artes, Paisagismo, Decoração, *Feng Shui*, Radiestesia e outras muitas técnicas de harmonização, um universo vasto e infinito, no qual busco me aprimorar e evoluir constantemente. Hoje, sou arquiteta e urbanista especialista em Arquitetura Sensorial, mestre em *Feng Shui*, e cumpro a minha missão de inspirar e salvar pessoas tomando como base a harmonização singular entre elas e os ambientes por meio de consultorias, cursos e mentorias.

Quando projetamos de acordo com a Arquitetura Sensorial, conseguimos prever e definir, por exemplo, como será o comportamento dos funcionários numa empresa, a relação de um casal, a criação e o desenvolvimento de uma criança. Isso porque é possível detectar quais serão as áreas benéficas e atrativas.

Quero compartilhar desse poder incrível de nos realizarmos em nosso hábitat, mais especificamente na nossa casa, o nosso ambiente mais sagrado, transformando-o em um verdadeiro lar, um templo de conexão vertical e reconexão com a nossa essência, única e divina.

Com ensinamentos simples, mostrarei o passo a passo que me conduziu a escolhas conscientes e assertivas nessa busca por autorrealização e que proporcionou um fluxo intenso de mudanças na minha vida e na minha carreira, convertidos em método para orientar e direcionar meus clientes, mentorados, alunos, família e amigos. Esse método é um verdadeiro L.A.B.O.R.A.T.Ó.R.I.O. Sensorial, em que cada letra representa um passo rumo à transformação. O caminho é prático, possível e realizador para atrair o que se almeja, uma espécie de segredo da boa sorte. Será uma jornada produtiva, que exigirá que seus sentidos estejam aguçados e que você se dedique para agir com fé, compromisso e desejo a fim de conquistar esse ambiente próspero.

Você vai entender como podemos ser influenciados de maneira positiva pelo ambiente, além de nos sentirmos mais seguros e vivermos – não somente sobrevivermos. A prosperidade é um fluxo de energia abundante e que se inicia no seu pensamento. A planta baixa, o projeto e a obra passam a ser o reflexo de um mapa mental de como nos movimentamos na vida. Aprender a olhar para esses espaços é aprender a olhar com sabedoria para o que de fato desejamos.

Vou mostrar que isso é possível, desde que você aceite a minha ajuda. Comprometa-se com a sua casa e seja feliz sempre!

Capítulo 1

ESCUTE SEU SILÊNCIO

Se você está lendo esta página, já sei que se comprometeu. Seja muito bem-vindo!

A partir de agora, vou lhe contar algumas histórias – são relatos e cases de sucesso, soluções e fracassos meus e de muitos de meus clientes – para que, assim como eu, você possa encontrar o segredo da verdadeira felicidade.

Atualmente, percebo que as pessoas se comprometem demais com a carreira, acreditando ser o pilar mais importante da vida, o que acaba por se tornar um verdadeiro problema. Isso gera desequilíbrio, estresse, ausência de tempo para relacionamentos pessoais, desânimo, angústia, falta de confiança e descrença em si. O que, por um lado, garante a independência financeira, por outro, gera dependência emocional e desconexão com a verdade e com a própria essência.

Sem tempo de qualidade para desenvolver relacionamentos, criar raízes e estruturas sólidas para a sedimentação dos objetivos individuais, estamos sempre em busca de um equilíbrio que nunca chega. Como alcançá-lo? Talvez esse seja o grande mistério. Alguns dizem que é a sorte...

Eu sinto que, infelizmente, essa busca por equilíbrio tem um prazo de validade ínfimo e menor do que gostaríamos.

CASA COMIGO?

Precisamos, portanto, saber aproveitar quando o equilíbrio aparece em determinados momentos, para nos sentirmos alinhados a nossos propósitos, desejos e até mesmo realizações.

Saber aproveitar o momento, porém, não é o suficiente. Para haver performance em qualquer área da vida – desde a maternidade até o trabalho, as relações com as pessoas, ou mesmo a saúde –, é necessário entregar o nosso máximo em todas as tarefas, o que exige preparo e foco. Devemos ter clareza em nossos objetivos e disciplina para fazer o que nos é proposto, tudo isso unido à autorresponsabilidade (assumir responsabilidade por nossos atos e suas consequências) e em movimento coordenado. A cada passo corremos sempre o risco de nos desequilibrarmos, pois esse é o movimento natural do caminhar.

Nessa jornada, para que o caminho seja percorrido, é preciso no mínimo se mover. O ato de andar é um movimento natural de se desequilibrar para se equilibrar, então, perceba, é perfeitamente saudável e natural se desequilibrar para evoluir. Erros e acertos fazem parte da jornada.

Os erros, à medida que evoluímos, vão se tornando menores, passando por nós de maneira mais rápida e indolor. Quando compreendemos e aceitamos que são parte do plano evolutivo, somos conduzidos a outro patamar de percepção, e conseguimos até mesmo desenvolver um olhar de gratidão por eles e pela possibilidade que trazem de nos purificar, fazendo-nos crescer e nos desenvolver.

Capítulo 1: ESCUTE SEU SILÊNCIO

Sei que quando estamos com problemas, muitas vezes, nos desanimamos, nos sentimos fracos e impotentes, mas são os obstáculos que nos impulsionam a criar mais soluções e inovar. Precisamos deles como estímulo e incentivo para sermos melhores.

Você trabalha muito e não lhe sobra tempo para viver. Recebe prestígio e ganhos financeiros – mais que merecidos, frutos do trabalho árduo e dedicado –, mas acaba por reinvestir em coaches e mentores, terapias convencionais ou não convencionais, viagens para descansar e desestressar, encontros (em casa ou em outro ambiente) com amigos e família para se distrair, participa ativamente de causas voluntárias ou mesmo se dedica a uma religião. São tantas atividades às quais você se expõe, mesmo sem garantias, na tentativa de encontrar razões para acreditar que tudo vai mudar, tentando encontrar uma resposta, um milagre para o beco sem saída em que se encontra e no qual nem sabe como foi parar.

Essa mistura de soluções só contribui para ocupar mais o seu tempo e bagunçar o seu caminho, que está obscuro e exaustivo. A sua força de vontade está enfraquecida e a vitalidade, abalada. Enquanto isso, sem motivação para mudar, você continua a se sentir desconectado de maneira silenciosa e ainda sem saída. E essas atividades todas tiram seu foco, conscientemente ou não, da resolução dos problemas, que não cessam, e o desânimo, a angústia e o vazio só aumentam.

Entenda, essas atividades não são um problema, e é muito importante dedicar-se a elas se isso fizer parte da sua essência e dos seus objetivos. O que estou dizendo aqui, contudo, é que elas – e, em especial, todas juntas – não são a solução para os seus problemas. Essa solução você só pode encontrar em si mesmo, com mudanças ativas na sua vida e no ambiente que a influencia.

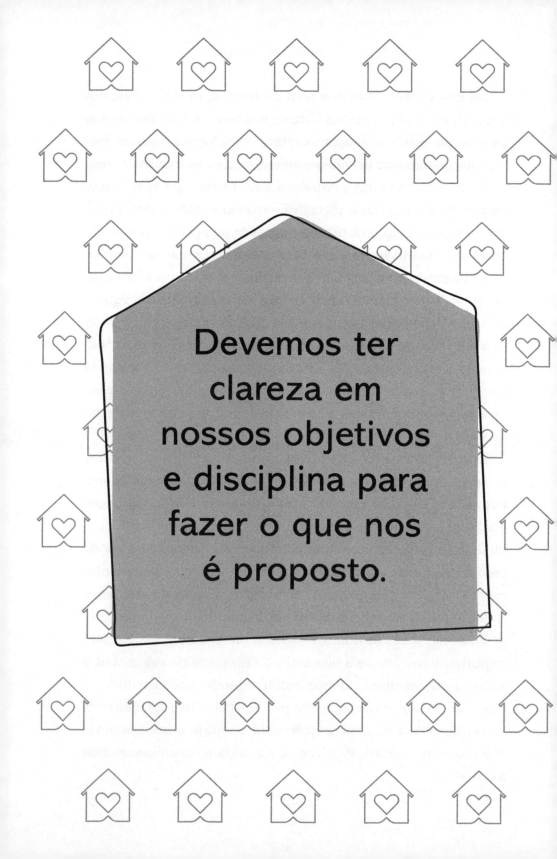

Devemos ter clareza em nossos objetivos e disciplina para fazer o que nos é proposto.

Capítulo 1: ESCUTE SEU SILÊNCIO

Chega de sofrer tanto por, muitas vezes, sentir-se sozinho, incompreendido, desconectado, sem rumo e sem energias positivas que o abasteçam de alegria, confiança e coragem. Vivemos brigando com o tempo para que, durante o ciclo do dia, da semana útil ou do mês, consigamos produzir mais, de maneira ininterrupta e automática, a fim de conquistar ainda mais. Por trás dessa produtividade, porém, esconde-se um vazio frio e solitário, um desejo reprimido de sentir essa mesma produtividade em outras áreas da vida, manter relacionamentos saudáveis, alcançar objetivos de satisfação pessoal, viver momentos que merecem ser vividos.

A humanidade, com o passar dos anos, se afastou das leis do Universo. Acreditando no poder que nos foi concedido, esquecemos que interagimos com a Natureza, o Cosmos, o Universo, dos quais somos dependentes diretos. Somos únicos, porém parte do Todo; deveríamos interagir mais com tudo à nossa volta: voltar a observar o céu, as estações, o clima, as descobertas do passado, a música, as artes, a história, a astrologia, as ciências e a literatura.

Nestas páginas, quero mostrar a você o seguinte: como apurar seus sentidos e promover uma melhor interação com o entorno; como um ambiente pode ser seguro e fértil, seja no trabalho, seja na sua casa, onde poderá desfrutar de uma morada com mais leveza, beleza, conforto e aconchego; como fazer um ambiente ser capaz de recarregar e regenerar suas baterias e amplificar a realização dos seus sonhos, potencializando suas virtudes e enfraquecendo o que o fragiliza.

A INFLUÊNCIA DO AMBIENTE

Se você ainda não acredita que tudo isso é possível fazendo uma mudança na sua casa, apresento a seguir alguns estudos que vão ajudar a ampliar a sua percepção.

CASA COMIGO?

O psicólogo americano Abraham H. Maslow desenvolveu uma hierarquia de necessidades conhecida como Pirâmide de Maslow,[1] que se baseia na ideia de que cada ser humano esforça-se para satisfazer suas carências pessoais e profissionais por meio de uma ordem de prioridades. Nessa pirâmide, as necessidades consideradas de nível mais baixo devem ser satisfeitas antes daquelas classificadas como de nível mais alto. Segundo a teoria, cada indivíduo realiza uma "escalada" para atingir a sua plena autorrealização.

Como você pode observar, na base da pirâmide, dentre as necessidades fisiológicas – as primeiras que temos –, encontra-se a de abrigo, evidenciando-nos a importância da nossa casa.

[1] PIRÂMIDE de Maslow: entenda o que motiva seus públicos. **Endeavor**, 7 jun. 2021. Disponível em: https://endeavor.org.br/pessoas/piramide-de-maslow/. Acesso em: 29 jun. 2022.

Capítulo 1: ESCUTE SEU SILÊNCIO

Além dessa teoria, Maslow, no século XX, esteve entre os primeiros pesquisadores a provar como o ambiente afeta a nossa opinião sobre os outros. Numa experiência realizada na Universidade de Brandeis, nos anos 1960,[2] ele criou três salas: uma feia, uma bonita e outra nem bonita nem feia. Reuniu fotografias de rostos de pessoas e distribuiu-as para um grupo de entrevistados, cada um designado a uma das salas. Maslow intencionalmente mentiu sobre o objetivo da experiência, dizendo aos participantes que estava fazendo um paralelo entre características faciais e traços de personalidade. Por exemplo, estariam os olhos pequenos associados aos indivíduos dignos de confiança? Pedia-se aos entrevistados que descrevessem seus sentimentos a respeito de cada fotografia. Os resultados foram surpreendentes: um rosto visto no ambiente feio foi descrito de maneira negativa; no entanto, na sala bonita, a mesma fotografia foi favorecida com atributos positivos. Curiosamente, na sala comum, um maior número de rostos foi descrito como de indivíduos com traços de personalidade negativos, em vez de positivos. Isso prova como o ambiente afeta a percepção que temos dos outros.

Antes disso, o grego Hipócrates, considerado o pai da Medicina, já considerava que as influências ambientais eram importantíssimas para a cura.[3] Em seus estudos, ele pôde constatar a relação de muitas epidemias com fatores climáticos, étnicos, alimentares e, em especial, do ambiente em que as pessoas viviam.

---

[2] BOAINAIN Jr., E. O estudo do potencial humano na Psicologia contemporânea: A corrente Humanista e a corrente Transpessoal. **Encontro ACP**, [s. d.]. Disponível em: https://encontroacp.com.br/textos/o-estudo-do-potencial-humano-na-psicologia-contemporanea-a-corrente-humanista-e-a-corrente-transpessoal/. Acesso em: 18 jun. 2022.

[3] SOUZA, Elaine Barbosa de. Hipócrates. **Toda Biologia**, 12 abr. 2021. Disponível em: https://www.todabiologia.com/pesquisadores/hipocrates.htm. Acesso em: 18 jun. 2022.

CASA COMIGO?

O autor Robert Dilts desenvolveu uma pirâmide semelhante à de Maslow para trabalhar a hierarquia das nossas necessidades neurológicas. Nela, também o ambiente é a base, localizado no primeiro nível, e refere-se ao poder que exercem os lugares e as pessoas com quem convivemos nos nossos movimentos internos, ou seja, a maneira como tudo o que está fora nos afeta.[4] E essa influência externa merece ainda especial atenção depois dos descobrimentos recentes da epigenética,[5] segundo a qual as vivências ambientais podem influenciar a expressão gênica, e esta ainda ser transmitida para outras gerações. Já a Teoria da Evolução,[6] de Darwin, afirma que o ambiente, por meio de seleção natural, determina a importância das características do indivíduo ou de suas variações, e descreve como os mais bem adaptados a esse ambiente têm mais chances de sobrevivência e perpetuação de seus descendentes.

Consegue perceber o tamanho da influência que o ambiente tem em nossas percepções do mundo, em nosso bem-estar, no bom funcionamento da nossa rotina familiar e convivência? O ambiente pode ajudá-lo a alcançar um próximo nível de elevação em diversas áreas da vida. Influencia sua própria satisfação e ainda contagia, com alegria e felicidade, todos que participam ativamente do seu dia a dia.

Existe sim um lugar para valorizar nosso repertório acumulado de momentos felizes, no qual só colecionamos histórias auspiciosas que aquecem o coração, permitindo-nos alargar a

---

[4] NÍVEIS neurológicos de aprendizagem. **ISPNL**, [s. d.]. Disponível em: https://ispnl.com.br/niveis-neurologicos-de-aprendizagem/. Acesso em: 26 maio 2022.

[5] MASCARO, B. Epigenética: relação entre estilo de vida e meio ambiente. **Varsomics**, 30 jul. 2020. Disponível em: http://blog.varsomics.com/epigenetica-relacao-entre-estilo-de-vida-meio-ambiente-e-desenvolvimento/. Acesso em: 26 maio 2022.

[6] SILVA, R. F. da; PIGNATA, M. I. B. Charles Darwin e a Teoria da Evolução. **Cercomp – UFG**, [s. d.]. Disponível em: https://files.cercomp.ufg.br/weby/up/80/o/TCEM2014-Biologia-RicardoFernandesSilva.pdf. Acesso em: 18 jun. 2022.

Capítulo 1: ESCUTE SEU SILÊNCIO

percepção sensorial e erradicar energias ruins e desfavoráveis, responsáveis por nos estagnarem, além de enfraquecerem e desconectarem o real motivo da nossa existência: construir um mundo isento de pobreza, doença e conflito. Esse mundo ideal precisa começar no coração da nossa casa, dela se expandindo como uma força avassaladora, promovendo a mudança também ao nosso redor e a expandindo para o mundo.

> **A sua casa será a morada ideal para reabastecer e potencializar suas energias positivas e benéficas. Imagine estar pleno e conectado com seus sentidos, acreditando que tudo o que pensa, sente e age tem um grande poder de cocriação. Existe um caminho no qual encontramos o cruzamento do vertical com o horizontal, em que o nosso Eu superior está em consonância com a nossa vida material, o verdadeiro equilíbrio.**

O poder de reconexão com sua essência por meio da sua casa – alcançado com a metodologia que trarei aqui – o colocará não só em movimento, mas na direção e ordem corretas nessa hierarquia, para que seja de fato feliz em sua plenitude. Você poderá, então, viver uma vida que vale a pena ser vivida, experenciada, dividida e multiplicada de maneira exponencial, tornando-se referência para o seu círculo de convivência, cumprindo a sua missão alinhada a um propósito e inspirando outras pessoas a percorrerem o caminho da harmonia. Lembre-se: à medida que você age em sua casa, o faz em si mesmo e diretamente na sua realidade, transformando-a.

CASA COMIGO?

VOCÊ ESTÁ PERDIDO, MAS NÃO ESTÁ SOZINHO

Não tire conclusões precipitadas apenas com a leitura do início deste capítulo, acreditando que a solução está em não se dedicar demais à carreira. O segredo é ser verdadeiro consigo e encontrar o equilíbrio em todos os ambientes, tanto no âmbito profissional quanto no pessoal.

Eu já passei por isso num determinado momento da minha vida e, na chance de um novo relacionamento pessoal, estava disposta a não repetir o foco exacerbado na carreira, acreditando ser esse o motivo do fim do meu primeiro casamento. Vivi meu segundo relacionamento com receio de me dedicar com aquela intensidade anterior ao trabalho. Foi então que o reduzi drasticamente no início da relação, concentrando-me quase que apenas à vida a dois, que também quase se desfez. Eu estava enganada de novo. Havia esquecido que precisava ser eu mesma.

> Quantas vezes nos perdemos em julgamentos alheios, falsos moralismos, autocríticas e sentimentos como a culpa - provocada por emoções de medo, raiva, tristeza -, receitas de bolo que não se aplicam a quem somos?

Sem perceber, transformei-me com base em um conjunto de crenças limitantes e me afastei ainda mais de mim mesma. Foi um misto de observações tomando como princípio minhas vivências de exemplos e situações à minha volta que me influenciaram a tomar decisões precipitadas. Compreendi que dinheiro, posição

Capítulo 1: ESCUTE SEU SILÊNCIO

social, casarões e apartamentos luxuosos, carreira em ascensão, casamentos e festas voluptuosas eram ainda insuficientes.

Notei um padrão de clientes que vinham em busca de soluções: homens e mulheres muito bem-sucedidos, entre 30 e 50 anos, que provinham de uma vida abundante de recursos, belezas, mas que sempre acreditavam que lhes faltava algo. Eles já nem sabiam ao certo como resolver essas questões, as quais, na verdade, o dinheiro não podia solucionar.

Muitas vezes a queixa inicial era a má qualidade do sono: problemas de insônia, incômodos para dormir, sensação densa e pesada no quarto do casal; crianças, não mais em idade apropriada e natural, tinham incontinência urinária na cama, ou, ainda em idade avançada, continuavam a dormir no quarto dos pais ou junto deles; pais que se dividiam e dormiam no quarto dos filhos, o que causava ainda mais dependência e dificuldade para educar e retomar o equilíbrio da relação.

Antes o relato iniciava com obstáculos no trabalho, inseguranças, desconfianças com colaboradores, uma lista de infortúnios nos negócios. Eram problemas com sócios, desavenças com clientes, falta de serviços, dificuldades em vendas. Com apenas alguns minutos de conversa, investigação e medições do local de trabalho, porém, chegávamos também às discussões e imparcialidades no âmbito pessoal e a uma desconexão com seus valores e essência – além de, claro, à desarmonia no ambiente.

Às vezes, eles mesmos compreendiam que havia desequilíbrio quando faziam menção à carreira, ao esgotamento físico e mental, que ofuscava a família, e a qualidade dessas relações reforçava a sensação de que algo não ia bem. Buscavam alguma energia de renovação, transformação, cura. Queriam direções e soluções não apenas pautadas no design ou na arquitetura, mas mais profundas e quase inexplicáveis. Percebi que um padrão se repetia.

CASA COMIGO?

De alguma maneira, desejavam que esses problemas, frustrações, desesperanças, tristezas, desgastes mentais, emocionais, até mesmo físicos, virtuais, familiares e pessoais pudessem ser analisados, mensurados e resolvidos a partir da casa. Que pudessem ser curados no ambiente, e que esse impacto repercutisse na sua vida e na das pessoas ao redor.

Foi o caso da Lucila, uma das minhas clientes, empresária reconhecida em sua área de atuação: a da beleza. Era uma mulher forte, determinada, batalhadora, inspiradora, líder nata, exigente na qualidade e na execução dos seus serviços e nos de quem trabalhasse com ela, porém ríspida, amarga e solitária. Apesar de o local onde exercia suas atividades profissionais e de seu apartamento serem de bom gosto, organizados e atemporais, havia muitos aspectos desfavoráveis, desde o subsolo da empresa e as memórias do passado nas paredes, até medos e projeções que continuavam, de alguma forma, presentes nela e nos ambientes em que vivia.

Criou sua filha sozinha, fruto de um casamento infeliz, e, em virtude disso, optou por se fechar em seu mundo pessoal. Colocou uma pedra em seu coração, bloqueando o acesso, e não olhou mais para dentro de si, nem para o passado; não ressignificou a dor do relacionamento fracassado, mas a arrastou como um fardo. Focou a atenção apenas a uma área da vida, apresentando dificuldades de relacionamentos sociais, familiares e íntimos.

Foi também o caso do Fernando, outro cliente que trouxe como queixa principal o insucesso nos negócios. Sua fábrica, naquele momento, confeccionava meias para diversas marcas, muitas das quais grandes e conhecidas

Capítulo 1: ESCUTE SEU SILÊNCIO

nacionalmente. Antes, a empresa também havia produzido panelas e funcionara como escritório de contabilidade. De alguma maneira, sempre que empreendia, em pouco tempo, os negócios faliam e as dívidas ampliavam. Tinha problemas com funcionários e brigas com a sócia, sua esposa; o relacionamento deles já estava abalado, influenciado pelos problemas no trabalho.

Analisando o caso, tivemos como ponto de partida o solo da empresa — um terreno atraído por seu padrão vibracional —, e descobrimos que ela fora construída sobre um cemitério indígena. Era o começo de algumas descobertas a respeito do lugar onde estava inserido seu empreendimento. Com base nisso, mudanças significativas puderam ser aplicadas para resgatar seu sucesso, iniciando pela simples mudança de endereço.

Sabe aqueles pontos comerciais que vemos sendo sempre substituídos, vendidos, alugados, trocados? São locais que, a cada vez que você passa, vê uma placa nova, uma nova loja, um novo serviço que perdura por pouco tempo? Costumamos dizer que é igual à "caveira de burro". Pois é, a fábrica do Fernando estava num terreno infértil, nada próspero e com um padrão vibracional totalmente impróprio para as suas atividades. Imagina quantos anos ele passou buscando informações, respostas e soluções para resolver seus problemas, e só naquele momento descobriu que o terreno que abrigava o seu ambiente (empresa) não era apropriado.

Você pode até tentar justificar que esses obstáculos são decorrentes da exaustiva carga de trabalho, da jornada estressante do empreendedor e de suas responsabilidades, do funcionário, do dono da empresa. Pode fantasiar a realidade e adiar seu sucesso. Pode até pensar que grandes médicos, psicólogos, dentistas ou outros profissionais da área da saúde não teriam esse tipo de problema, já que na área deles "é difícil faltar trabalho".

Pois eu lhe apresento, leitor, o caso da Ana, uma bela mulher, psicóloga, independente, de família abastada, que se dedicou a estudar e se aplicar em uma carreira em uma clínica de grande fama e relevância em São Paulo, na qual oferecia consultas e acompanhamentos psicológicos a mulheres que realizavam tratamentos para engravidar.

Vivia com os filhos, frutos de um primeiro casamento falido, e relacionava-se com outros homens aparentemente comprometidos, sob a sombra de não conseguir expor e assumir suas escolhas. Seu apartamento era luxuoso, tinha carros, casas na praia, até mesmo uma ilha, mas, em virtude da pressão da sociedade, tinha medo de agir de acordo com seus instintos, sua verdade, e ser julgada ou mesmo excluída de seu círculo de amizades. Foi um longo período de análises, casas e ambientes para ajudá-la a se conectar com sua essência, com sua espiritualidade, a fim de que pudesse amenizar o coração, dar um sentido melhor a sua vida rumo à felicidade.

Há ainda o caso da Bela, médica respeitada, querida e linda, com um coração enorme, disposta a fazer o que fosse preciso em sua profissão, mas com um casamento no qual não exercia a mesma cumplicidade que tinha nos negócios. Por décadas, sentiu que não era desejada pelo marido e não entendia a razão – se era culpa dela em não o atrair ou se ele não se interessava por nada. Ela sempre buscava oferecer, além da sua energia, a viva-

Capítulo 1: ESCUTE SEU SILÊNCIO

cidade fruto do seu trabalho, e a gratidão por ser tão eficiente e diligente.

Depois de tantos tratamentos, decidida a engravidar, finalmente o desejo se concretizou quando iniciamos a consultoria para atuar por meio de sua casa. Alguns anos ainda se sucederam para que se reconhecesse em essência e se adaptasse à maternidade, até que teve coragem de mudar a realidade e viver um grande amor.

Esse tema foi um assunto recorrente em minhas consultorias: o reequilíbrio familiar. Falávamos sobre a busca por engravidar, por aprofundar a relação com o marido, por curar feridas antigas com os pais, por reconhecer a essência dos filhos e o modo como são criados para que se saiam bem diante das adversidades do mundo. Existe uma linha tênue e sensível entre o nosso papel e o livre-arbítrio de cada um, o ego a controlar, o amor altruísta a expandir.

Com tantos desafios, inseguranças e o desejo de que nossos filhos não sofram, não se frustrem, não passem por dores ou dificuldades, é difícil não nos depararmos com obstáculos a serem superados por nossa boa vontade e proteção (nem sempre expressa de maneira correta).

Mas você precisa saber para quem pedir orientação. Muitas vezes, falamos com pessoas que não sabem do que de fato precisamos internamente e, por isso, só nos ajudam com base no que têm de registro de vida e experiências pessoais.

A resposta, na maioria das vezes, está dentro de nós. Temos dificuldade em encontrá-la por causa do ruído, externo ou interno, proveniente da enxurrada de pensamentos pessimistas. O que precisamos é aprender a silenciar a nossa mente e escutar o nosso silêncio.

CASA COMIGO?

Quando passamos a realizar esse exercício diário de olhar para dentro e conseguimos externar essas dúvidas e inseguranças – por exemplo, ao colocar nossas ideias num papel –, aos poucos, começamos a organizar nossos pensamentos, o que, de alguma maneira, nos faz materializar uma solução. Se conseguir falar em voz alta para um mentor, este também o ajudará, por meio de ferramentas, a compreender seus pensamentos com mais clareza e numa direção mais assertiva.

Um detalhe importante para essa jornada é: só se sai de um beco sem saída olhando para trás.

São muitas as histórias que nos mostram o quanto nos perdemos de nós mesmos. E esses problemas não são resolvidos apenas com dinheiro, vi acontecer também com pessoas com poder aquisitivo suficiente para se estender a demais gerações. Mulheres vítimas de relacionamentos abusivos, e que precisaram criar consciência ou coragem para mudar a situação. Homens que se mostravam prestativos, profissionais, de garra e de posição social privilegiada perante a sociedade, mas com desequilíbrios sérios, como o alcoolismo, repúdio aos filhos por não atenderem às suas expectativas, violência contra as mulheres.

Há ainda narrativas menos problemáticas, de gente que busca algo que ainda não conseguiu encontrar. São histórias pelas quais tenho um carinho especial, como a busca pelo amor e por alguém com quem dividir a vida, ou o sonho de engravidar de algumas mulheres.

Acredito que, em essência, somos únicos e divinos. E meu maior propósito é conseguir ajudar o maior número de pessoas a recuperarem a sua essência por meio da harmonia em sua casa. Para isso, eu me especializo continuamente.

Não sou dona da verdade, mas busco agir de acordo com a verdade de cada um, com o bem e com o belo como práticas

Capítulo 1: ESCUTE SEU SILÊNCIO

de salvação do espírito. Sintetizo as Leis da Grande Natureza e reflito sobre elas da maneira que aprendi com a filosofia de Mokiti Okada:

- Lei da Ordem;
- Lei da Purificação;
- Lei da Aceitação;
- Lei da Harmonia;
- Lei do Espírito (precede a matéria);
- Lei da Concordância;
- Lei da Causa e Efeito.

Em minha metodologia de trabalho, fruto de anos de experiências e mais de 1.500 famílias impactadas por meio do meu atendimento presencial e, hoje, também on-line, utilizo a sabedoria dessas leis, além de estudos e técnicas de harmonização milenares. São igualmente fontes de inspiração as minhas redes sociais, mentorias ligadas a Casa Saudável, Casa Próspera, Minha Casa, Meu Espelho, consultorias em Arquitetura Sensorial, *Feng Shui* e Consultas de Radiestesia.

Essa mesma metodologia, que agora divido com você – um mapa para reconectá-lo consigo –, leva-o a alcançar e agir de acordo com a sua essência, sua partícula divina, junto ao componente mágico que o torna único e essencial para o mundo.

E já digo, precisaremos de foco, atenção, movimento constante, fluxo de energias, congruência, coerência, consistência, persistência e, principalmente, conexão para exercitar a espiritualidade. Isso porque, quando nos descuidamos, o ciclo de infortúnios parece interminável. Mas estarei com você por todo o caminho. Vamos seguir?

Capítulo 2

A ATMOSFERA DOS SENTIDOS

Talvez você esteja passando pela seguinte situação: aproximando-se da maturidade, com a carreira em ascensão e gerando uma renda que começa a satisfazer desejos mais nobres, até mesmo a fim de justificar a falta de tempo para outras atividades. No entanto, o vazio dentro de si é indefinido, muitas vezes parecendo ser infinito, profundo, frio e solitário. Sente-se incompreendido e tenta sondar opiniões alheias, mas estas estão sempre incompletas, porque as outras pessoas só falam sobre o que reconhecem em si mesmas. Os desejos mais austeros parecem suprir momentaneamente esse vazio; preocupações exageradas com o futuro tiram o foco e a energia do grande aqui e agora.

Passamos a comer nossas emoções ou adquirimos doenças emocionais e no espírito. Demoramos a perceber e a cessar o que fazemos conosco; quando enfim ganhamos consciência, o buraco já está fundo, e estamos soterrados por nossas emoções, pensamentos negativos e atitudes impulsivas e compulsivas.

No auge da minha carreira, aos 29 anos, eu estava com obras na Alameda Gabriel Monteiro da Silva, uma famosa rua em São Paulo e de grande prestígio na área do design de interiores, e ainda estava grávida e me sentia bela. Eu tinha tudo o que queria – liberdade financeira, reconhecimento profissional, carreira estruturada e em ascensão, clientes fiéis que concordaram em esperar o parto e resguardo para serem atendidos –, e me aproximava de realizar o sonho de ter uma menina, a doce Carolina, ao lado do meu marido e companheiro há dezessete anos. No entanto, investia tanto tempo no trabalho que não percebi que o nosso relacionamento já não existia mais.

Só me dei conta disso quando uma sucessão de acontecimentos ruins se sobrepôs a essa situação: discussões, mágoas e inseguranças mútuas, uma depressão pós-parto, seguida do divórcio e de uma depressão ainda mais profunda. Além de tudo, eu tinha uma linda bebê para criar sozinha. Foi o momento mais obscuro e frágil da minha existência.

Enfraquecida espiritualmente e sensibilizada pela tristeza, inexperiência e solidão, testei muitas alternativas para encontrar uma saída: terapias, psicólogos, psiquiatras, amigos, família e até remédios. Sentia-me um vegetal, com a energia cada vez mais fraca e a memória piorando. Aos poucos, fui abstraindo os compromissos, subtraindo clientes, me afastando das pessoas, dos lugares, do espelho, da minha casa e da vida. Mesmo com tantos recursos, nada foi capaz de manter meu equilíbrio naqueles anos. A dor, a culpa de não ter feito dar certo, ter de aceitar as consequências dos meus atos e a inexperiência se tornaram a bola da vez.

Clamava ao Universo que, se eu ainda tivesse alguma permissão, me fosse concedida minha energia de volta. Minha grande e entusiasmada alegria de viver.

Eu precisei ressignificar crenças limitantes ruins, reestruturar a forma do meu trabalho, ampliar minha rede de con-

Capítulo 2: A ATMOSFERA DOS SENTIDOS

tatos, focar a minha cura, evoluir no processo de aprendizagem, entender que os erros fazem parte dele e vão forjando nossa fé, força, coragem, discernimento e até mesmo acumulando virtudes.

Fracassar no caminho é um progresso. Toda vez que você fracassa, aumenta seu suprimento de sabedoria, a ser utilizado sempre que preciso. O fracasso não precisa ser o fim de tudo. Pode ser o começo do próximo capítulo, mas somente se aceitarmos a imperfeição; tenha compaixão por si mesmo e escolha seguir em frente.[7]

Foram mudanças radicais no ambiente e de ambiente que me permitiram reconectar-me com a minha essência, com os meus valores e princípios. O poder do lugar! Estabelecer uma conexão com o nosso eu do futuro. O quanto estamos próximos, construindo sem pressa, sem pausa, mas com harmonia o caminho na direção que nos levará ao que desejamos verdadeiramente ser.

Para isso, porém, é preciso metrificar e observar com atenção nosso estado de presença e o quanto nos aproximamos do nosso equilíbrio. Não estou dizendo que é possível viver equilibrado. Ainda não consigo acreditar que isso seja uma constante, e sim que passamos por momentos estáveis, nos quais devemos observar o nosso caminhar, o que estamos fazendo e como, para nos sentirmos no eixo mais uma vez. Mantermo-nos serenos e gratos e aproveitar esse breve espaço de tempo para alcançarmos profunda paz, tendo uma pausa merecida, uma satisfação por estarmos

[7] KEMPTON, B. **Wabi Sabi**. Rio de Janeiro: BestSeller, 2018. p. 142.

fazendo tudo da melhor maneira possível. O segredo é a observação constante, o estado de presença e a consciência de que nossas ações estão alinhadas à nossa essência. A harmonia paira no ar, e nos olhar com atenção plena nos faz entender que nossas ações estão pautadas na verdade, no bem e no belo.

Apesar de não ser possível viver de maneira constante nesse estado, conseguimos alcançar um limiar de consciência em que a harmonia nos faz usufruir dessa leveza, clareza, silêncio interior, humildade, sensatez e generosidade.

Após entender que somos únicos, que temos talentos naturais e adquiridos, vivências e experiências que nos tornam especiais, algo incrível aconteceu no meu trabalho "pós-resgate de mim mesma". Precisei ir muito além do *Feng Shui*, uma arte que ajudou a mim e a meus clientes, que compôs minha formação e que foi responsável, inclusive, por dar início a minha carreira, contribuindo além da forma-função-técnica. Ela acrescentou uma importante ferramenta de harmonização de ambientes e de autoconhecimento e contribuiu para a transformação das pessoas por meio da cura e atenção com intenção nos ambientes.

O significado literal da expressão chinesa *Feng Shui* é "vento e água", dois poderes fluídos da Natureza. Essa arte milenar, que contém registros de mais de três mil anos, nasce de uma observação formal e energética direta da paisagem, do exterior, em uma análise de suas formas, direções e ciclos – inicialmente, para a escolha de túmulos e, depois, para a construção e o posicionamento de templos e a edificação de cidades. Com base nessa análise, se o contexto externo não for favorável, com um *Chi* (energia vital do Universo) escasso, um entorno feio, degradado ou mesmo abandonado, ainda que

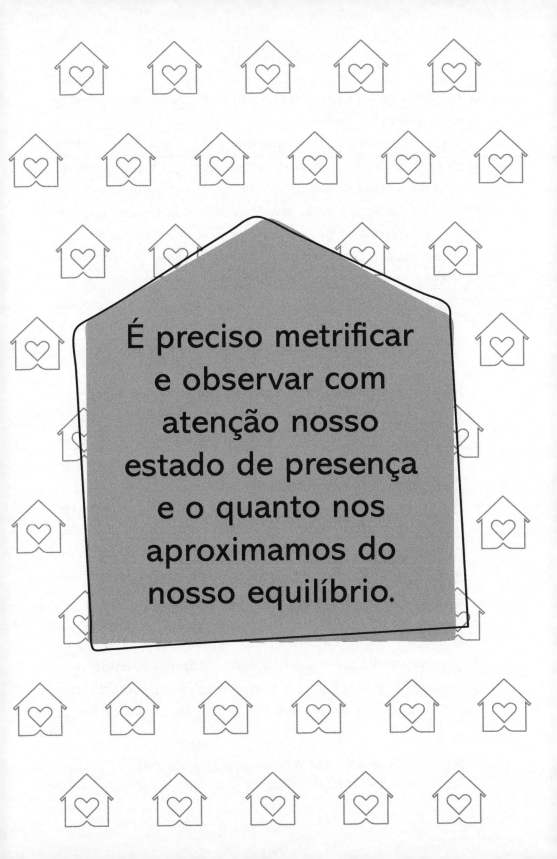

É preciso metrificar e observar com atenção nosso estado de presença e o quanto nos aproximamos do nosso equilíbrio.

tenhamos a melhor casa do mundo, seremos muito influenciados por todo esse meio.

Os antigos sábios, para quem o espaço era observado e sentido além da energia do seu determinado local, evitavam locais que não propiciavam segurança, apoio ou conforto. No *Feng Shui*, tudo é levado em consideração: formas, escalas, cores, texturas e a passagem do tempo. A vida é cíclica e adapta-se ao espaço e ao tempo, e a casa é como um verdadeiro ecossistema, composto de diferentes ambientes. Devemos olhar para além da estética e da função, perceber como essas diferentes camadas e hierarquias se interligam e interagem de maneira direta com seus habitantes, que, na antiguidade,

> *mantinham uma relação forte e direta com a Natureza e não se percebiam como antítese dos ritmos e forças da Terra. Percebiam-se, sim, como parte integrante de uma ordem natural. A arquitetura e o paisagismo eram impregnados pelo senso sagrado [...].*
> *A prática do Feng Shui é anterior a qualquer sistema religioso, mas desenvolveu-se entrelaçada como uma das principais correntes do pensamento chinês, o Taoísmo, uma escola filosófica baseada na observação da Natureza e na busca da realização humana.*[8]

O *Chi*, a energia vital, representa algo imaterial demonstrado pelo vapor d'água – que não tem uma forma definida, mas que se sente, assim como o ar que respiramos – e está intimamente ligado à água e seu fluxo, direção, sentido e força.

---

[8] SOLANO, C. **Feng Shui - Kan Yu**: arquitetura ambiental chinesa. São Paulo: Pensamento, 2000. p. 27.

Capítulo 2: A ATMOSFERA DOS SENTIDOS

A água, por sua vez, figura como símbolo da origem da vida, a principal via de comunicação ancestral, e guarda ressonâncias e intenções. Diz-se que o *Chi* segue a água. Onde a água não está em equilíbrio, o *Chi* está em desequilíbrio. O vento, tal como a água, tem um lado suave e é capaz de disseminar sementes, mas também tem um lado destrutivo. E esta é a capacidade mutável do *Chi*, que é suave e, ao mesmo tempo, ativo ou inexistente. Esse conceito de energia vital que tudo permeia está presente em muitas culturas, com designações como *ki, chi, qi, prana*, e é a base do *Feng Shui* e de toda a metafísica chinesa.

Desenvolvi e aprimorei minha percepção através dos nossos cinco sentidos e da intuição como um meio para discernir e perceber as características do ambiente e dos elementos, formas, distribuição no layout, circulações, observação do entorno, análise do solo, pontos cardeais, astrologia oriental e ocidental, interação entre as diversas personalidades de quem o habita, conexão com o passado, objetivos de vida no presente e futuro, contato com a Natureza etc. Em seguida, denominei Arquitetura Sensorial a conexão entre essa análise profunda e tudo o que a arquitetura e a arte me proporcionam, unindo a estudos de harmonização.

Entendo a casa como uma extensão do nosso corpo, expressão direta das nossas crenças, emoções, experiências, do "eu" de cada habitante que nela vive. A casa como sua própria imagem e semelhança: "Sua casa, seu espelho". Ela nos representa, é uma ampliação de nós, é o nosso reflexo e vice-versa. Quando atuamos fisicamente na nossa casa, atuamos em nós, agindo sob o tecido da nossa realidade. Portanto, sempre que decidimos arrumar um armário ou limpar uma gaveta, pintar ou demolir uma parede de nossa residência, redistribuir um cômodo ou mudar sua função, seu layout ou a mobília, estamos agindo em nossa realidade mais essencial.

As casas estão, sem dúvida, ligadas a nós e às nossas expressões mais intrínsecas e profundas; são psicoativos, afetam e alteram diretamente o nosso comportamento.

As pessoas são receptores de energias positivas e negativas cujas vibrações se ajustam entre a Terra e o Céu – nosso corpo é esse instrumento do sentir. Despertando nossos sentidos e conectando-nos com o ambiente, somos capazes de revelar o oculto e de curar-nos, proporcionando maior clareza mental por meio da leveza e da performance em explorar o nosso potencial conectado à nossa essência, e atuando influenciados pela harmonia e prosperidade, essenciais para a nossa felicidade.

Tudo o que, ao longo do meu desenvolvimento pessoal e profissional, pude agregar à arquitetura – meu desenvolvimento artístico na infância, as competências adquiridas, os talentos aprimorados e experiências acumuladas que moldaram a minha essência, minha sensibilidade, minhas dores vividas, técnicas de ressignificar crenças ruins – contribuiu para aperfeiçoar meu método. Ele, então, ressurgiu das cinzas como uma fênix, muito mais robusto e eficaz em transformar pessoas por meio da harmonização nos ambientes.

Vivi, em grau exacerbado, muitos problemas semelhantes aos dos meus clientes para ser instrumento digno dessa mensagem, e consegui mudar tendo como base o método que proponho aqui. Hoje, ensino que espaços harmoniosos podem contribuir para uma vida mais feliz e próspera, pois potencializam as virtudes de cada um e as canalizam para a performance. Isso propicia leveza, edifica a beleza, enobrece o caráter, satisfaz desejos, favorece a saúde, nutre a alma, desenvolve e

Capítulo 2: A ATMOSFERA DOS SENTIDOS

aprimora os sentidos e a intuição e os alinha com o Universo. Essa é a premissa da Arquitetura Sensorial.

Trata-se de um método infalível, despojado de rituais complexos e caóticos, mas que exige apurar o olhar, elevar a percepção, estar em constante busca do *Izunomê* (o caminho do meio, o equilíbrio entre o espírito e a matéria), por meio dessa percepção lapidada, transformar a vida por meio da harmonização no ambiente.

Faça da sua morada o seu centro propulsor de energia, gerador de saúde, de uma casa saudável, de um lar aconchegante e paradisíaco para você ter sucesso em seus objetivos e uma vida com sentido, pois é preciso sentir para fazer sentido.

MINHA CASA, MEU ESPELHO

Com essa frase, que constantemente repito e ensino em minhas consultorias e nas redes sociais, quero dizer que a sua casa é o seu reflexo, e você é o reflexo dela. A casa, mais do que uma área da sua vida, é a materialização da sua essência, como uma extensão do seu corpo, uma permissão de existência física; um espaço concreto no mundo, um verdadeiro anexo e complexo seu que interagem com a sua forma de pensar, sentir e agir durante todo o dia, ao longo da vida. E isso reverbera no seu entorno e no contato com as pessoas com quem convive. Digo que se trata de um receptáculo impulsionador de energia positiva ou negativa, por onde influenciamos e somos influenciados, regemos e somos regidos.

É no interior da sua casa que está o núcleo da sua energia e o que o recarrega – ou não. Com energias que o enfraquecem ou potencializam, benéficas ou não, é com o que você se permite ser abastecido o tempo todo durante seus dias, consciente ou inconscientemente, sendo inerente a sua vontade, durante o repouso ou a ação. Reúne todos os seus pensamentos, sentimentos e ações, numa espécie de estímulo tridimensional, um espaço vívido, carregado por suas próprias emoções. É onde, de fato, ancora-se a sua energia. A casa está diretamente ligada à sua intimidade, tanto sua energia pessoal quanto daqueles com quem você se relaciona, e influencia na forma como se relaciona consigo, com sua família e amigos.

Um estudo realizado pela Universidade da California[9] demonstra que, quando observamos objetos em demasia, tralhas, num espaço repleto não só de desorganização, mas de excesso, de falta de ordem e equilíbrio, o nosso corpo libera cortisol, o hormônio do estresse, em grande quantidade. Essa liberação de cortisol é ainda maior nas mulheres. A análise foi feita com casais que tinham filhos e demonstrou que as mulheres que declaravam ter uma casa suja e bagunçada apresentavam elevados níveis de cortisol. Para aqueles que afirmaram não notar a desordem, grupo formado por uma maioria de homens, os níveis de hormônio começavam a decair no decorrer do dia.

Veja que esses ambientes não ficam restritos apenas a uma bagunça física, mas geram tralhas mentais e, por consequência, emocionais. Essa falta de ordem pode ter origem em diversos níveis das diferentes esferas da vida, como pessoal, de qualidade de vida, relacionamentos, profissional, saúde (físi-

---

[9] ESTUDO revela que desorganização da casa pode gerar estresse e ansiedade. **A Tribuna News**, 13 out. 2021. Disponível em: https://atribunanews.com.br/2021/10/13/estudo-revela-que-desorganizacao-da-casa-pode-gerar-estresse-e-ansiedade/. Acesso em: 30 maio 2022.

Capítulo 2: A ATMOSFERA DOS SENTIDOS

ca, mental, emocional, espiritual), desenvolvimento intelectual, criatividade, recursos financeiros ou contribuição social. Além disso, interage com você e é influenciada diretamente pelo seu ambiente.

Precisamos compreender que somos únicos, porém parte integrante de um "Todo", regidos pelo Universo, pelas Leis da Natureza, que são imutáveis e atuam sobre todos os seres vivos, inerentes a sua vontade e/ou espécie. Assim sendo, devemos colocar a vida sob essa Ordem, ou seja, sob uma hierarquia de valores que reverbere em harmonia com o Universo, para melhorar o fluxo da vida e, por consequência, concretizar nossos sonhos.

As pessoas não fazem ideia de quem são e de qual é o seu propósito justamente pelo desconhecimento e afastamento dessa Ordem, ignorando a existência da sua hierarquia e das demais Leis da Natureza que influenciam e agem sobre todos os seres vivos. Assim, afastam-se da verdade, do bem, do belo, esquecendo-se de que a missão do ser humano é evoluir e proporcionar um mundo melhor a todos. O materialismo cega e faz acreditar que é possível alcançar a felicidade por meio dele; o caminho da verdadeira prosperidade, portanto, não é notado: o equilíbrio entre o espírito e a matéria.

> Casa é sinônimo de abrigo e proteção, de refúgio e segurança, de conquista e de eternizar e especificar um espaço no mundo, um local de construção e reconstrução, da morada do nosso sentir e elixir, das nossas virtudes e dos nossos desejos ocultos. Nela não escondemos nada, pois é o nosso reflexo.

CASA COMIGO?

A falta de organização nos leva ao comprometimento da qualidade de vida, nos faz perder o foco, diminui a produtividade e capacidade de regenerar e descansar profundamente; altera a nossa capacidade de discernimento, de realizar, de fazer escolhas mais assertivas. E, ainda, pode causar um efeito de paralisia, deixando-nos sem ação, tamanha a influência do ambiente à nossa volta.

O simples fato de precisar buscar por objetos, de procurar por coisas em seu ambiente, drena sua energia, faz você perder tempo e até abstrair compromissos, e pode afetar sua saúde ao ocupar seu tempo com o que não dá prazer, que não surte efeito momentâneo e que não condiz com seus objetivos de vida. Já uma casa estéril, insípida, um espaço asséptico e sem identidades e em desequilíbrio, reflete a personalidade vazia e conturbada ou rígida de quem está fora do contexto de uma vida leve e próspera. É reflexo de uma pessoa desequilibrada e desarmônica. O bom senso aqui se faz extremamente necessário para o equilíbrio dessa equação, para o encontro do equilíbrio. A Casa é o lugar em que experienciamos nossa luz e nossa sombra de forma profunda e segura.

A harmonia e o belo são essenciais para nos reconectarmos e ressignificarmos nossa vida. E o principal de tudo é a Ordem. A Natureza é exemplo disso, pois nela tudo age em conformidade com a Lei da Ordem. Ela está em harmonia com o Universo por meio do ciclo das estações, do dia e da noite, da convivência dos seres vivos, plantas e animais.

COMPONDO A ARQUITETURA SENSORIAL

A Arquitetura Sensorial, como vimos, trabalha diferentes teorias e elementos com o propósito de alcançar os equilí-

Capítulo 2: A ATMOSFERA DOS SENTIDOS

brios externo e interno. Nela, vamos trabalhar os conceitos do *Yin* e do *Yang*, além dos cinco elementos da Natureza segundo a Medicina Tradicional Chinesa: fogo, madeira, terra, água e metal.

O conceito do *Yin* e *Yang* se baseia nos opostos complementares. De acordo com ele, tudo está em constante e eterna mutação em busca de um ponto de equilíbrio. O *Yin* busca o *Yang* e vice-versa. Após o dia, surge a noite; seguindo o verão vem o inverno. Ou seja, alcança-se o equilíbrio através de uma mutação constante e eterna.

> **Se transportamos esses conceitos dos opostos para a nossa casa, veremos que existe uma série de polaridades entre os ambientes: temos as áreas sociais e as áreas íntimas, a partida e a chegada, o movimento e o descanso, o dentro e o fora, e assim sucessivamente.**

Dentro de sua casa, seu home office pode precisar de mais *Yang* (energia ativa) do que *Yin* (energia passiva), proporcionando energia de produtividade, expansão e criatividade. Já seu dormitório é o exemplo ideal para ser ativado com mais energia *Yin*, com conforto e bem-estar de estabilidade e quietude.

Existem diversas estratégias que podem ser utilizadas para acrescentar mais energia *Yin* ou *Yang* a um ambiente. A seguir, apresento algumas.

CASA COMIGO?

YIN (ENERGIA PASSIVA)

- Nos ambientes, use menos luz nos quesitos quantidade, potência e distribuição (uma boa opção pode ser iluminação indireta, como arandelas, abajures, balizadores ou lâmpadas pontuais);
- Utilize cores mais esmaecidas ou escuras, limitando o movimento;
- Opte por um mobiliário de linhas curvas, onduladas e sinuosas;
- Prefira tecidos suaves, sedosos ou aveludados;
- Busque o silêncio, desligue aparelhos eletroeletrônicos;
- Adicione um ionizador de ar ao ambiente e umidificador eventualmente;
- Escolha assentos com encostos mais baixos, cabeceiras e mesas baixas, que dão sensação de leveza, quietude, delicadeza e feminilidade;
- Fique sozinho, introspectivo, reflexivo; medite, faça do silêncio o seu aliado;
- Acrescente plantas próximas aos equipamentos. Uma dica dada pela Nasa[10] é o uso da planta *Spathiphyllum*, conhecida popularmente como lírio-da-paz e capaz de filtrar do ar os cinco poluentes mais comuns: benzeno, xileno, amoníaco, tricloroetileno e formaldeído;
- Mantenha uma jarra ou um vaso com água por perto, um aquário, um espelho d'água.

YANG (ENERGIA ATIVA)

- Abuse de um ambiente mais iluminado; a troca de ar, vento, calor e luminosidade ativam e muito a energia Yang;
- Use estantes, cristaleiras, cadeiras com espaldar mais alto;
- Acrescente cores vívidas;
- Adicione um desumidificador de ar para deixá-lo menos úmido;
- Opte por tecidos de uma só cor ou com listras verticais;
- Contribua para aumentar a sensação de movimento e som no seu ambiente: música, relógios, sinos de vento, ventiladores, móbiles e janelas abertas;
- Deixe à vista livros, objetos e expressões de arte: pinturas, esculturas;
- Convide pessoas para estar em sua companhia.

[10] 5 PLANTAS que a Nasa recomenda para purificar o ar da sua casa. **BBC News Brasil**, 29 nov. 2015. Disponível em: https://www.bbc.com/portuguese/noticias/2015/11/151127_plantas_poluicao_mdb. Acesso em: 18 jun. 2022.

Capítulo 2: A ATMOSFERA DOS SENTIDOS

Além de trabalhar as oposições com o *Yin* e o *Yang*, podemos aplicar também o conceito dos cinco elementos segundo a Medicina Tradicional Chinesa para medir a qualidade de *Chi* que prevalece no universo, espaço e tempo: fogo, madeira, terra, água, metal. Cada um deles representa fases ou transformações através de ciclos.

Por exemplo, no ciclo construtivo, cada elemento transforma-se naturalmente, a saber: o elemento madeira queima, produzindo o elemento fogo, de cujas cinzas se forma o elemento terra, que, de dentro, se condensa e dá origem ao elemento metal; este, quando aquecido, se liquefaz como o elemento água, da qual se nutre o elemento madeira. No entanto, pode haver um ciclo de controle, havendo restrição por parte de um elemento: a madeira consome a terra, a terra limita o caminho da água, que apaga o fogo, que derrete o metal, que, por fim, corta a madeira.

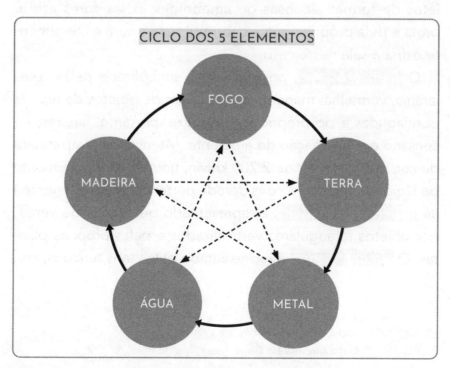

Se você compreende a teoria dos 5 elementos, pode utilizá-la para controlar o *TAO*,[11] expressão que, em seu sentido literal, significa "o caminho", procedimento, condição para se atingir um fim, ideia que só pode ser captada pelos canais da intuição.[12] O *TAO* não indica tão somente uma jornada física e espiritual, mas se identifica com a noção de Absoluto, que, por sua vez, implica o conceito de dualidade, de *Yin* e *Yang*, de que tudo se constitui. Como dito, a compreensão plena da teoria dos 5 elementos pode ser útil para manejar o *TAO* e equilibrar *Yin* e *Yang*.

Imagine uma criança muito ativa numa sala em que prevalece a energia do elemento fogo. Tal situação a excitaria e estimularia ainda mais. O que fazer, então, para ela se transformar por meio do ambiente? Empregar a teoria dos cinco elementos. O uso do elemento água – representado por objetos de formas sinuosas ou ameboides, pelas cores azul e preta e pela própria água – contribui para a cura e literalmente esfria a sala neste caso.

O elemento fogo, por sua vez, é simbolizado pelas cores laranja, vermelha, magenta e roxa, além de objetos de formas pontiagudas e do próprio fogo. Utilize, portanto, lareiras, incensário e a iluminação do ambiente. (Atenção: a temperatura de cor, que deve ser de 2.700 kelvin, nomeada popularmente de lâmpada quente, é considerada pertencente ao elemento.) Já o elemento madeira é representado pelos tons de verde, por objetos retangulares verticalizados e pelas próprias plantas. O elemento terra é representado pelos tons terrosos, cru,

---

[11] LAO-TSÉ. **Tao te Ching**: O Livro do Caminho e da Virtude. Rio de Janeiro: Mauad, 2011. Tradução direta de Wu Jyh Cherng.

[12] LAO-TSÉ. **O Livro que revela Deus**. São Paulo: Martin Claret, 2013.

Capítulo 2: A ATMOSFERA DOS SENTIDOS

amarelo e bege, bem como por objetos de forma retangular, mas horizontalizados, e por objetos provenientes da terra: cerâmicas, tijolos, barro, cristais e pedras brutas. Por fim, o elemento metal é expresso por meio da cor branca, de objetos redondos, metais e espelhos.

Faça uso dos elementos para contribuir com você de modo intuitivo, observando a sua casa com atenção. Aplique algumas dessas curas de maneira sensível.

Por exemplo, em um ambiente com altos níveis de ruído, a presença do elemento metal é excessiva – ou do elemento fogo, se for muito agitado. Nesses casos, é necessário utilizar-se do elemento água para obter o equilíbrio e acalmar esse espaço, como expus antes, com cores em tons de azul, objetos pretos ou a própria água. Da mesma maneira, num local em que ideias precisam ser disseminadas, novamente se faz necessário explorar o uso da água, porque a função desse elemento é de deixar fluir.

Em um ambiente como um quarto de uma criança, do qual você deseja eliminar o medo, use o elemento terra para ajudar a centrar e firmar. Para relaxar, este também é o elemento mais indicado.

Se você precisa sentir-se inspirado, acrescente objetos, cores ou formas do elemento fogo. Repare, por exemplo, o que acontece ao semblante, à postura, à confiança e à coragem de uma mulher que usa um batom vermelho ou pinta as unhas dessa cor. A presença do elemento fogo traz essa energia de vibração, de mais calor, de mais inspiração.

Para se sentir mais feliz, aposte no elemento madeira. As plantas têm um poder curativo incrível, e eu sempre reforço a importância das flores, cuja missão é purificar. Vou falar mais para a frente sobre elas.

CASA COMIGO?

Esses são apenas os primeiros contatos com a percepção do ambiente, o início de um vasto estudo, eu diria, um primeiro exercício de trazer e trocar com a Natureza e seus benefícios uma simbiose que ocorre desde os primórdios, mas da qual fomos nos perdendo um pouco. Esse afastamento da humanidade gerou a desconexão com o Todo, e devemos resgatá-la por meio da harmonia, conquistar o verdadeiro equilíbrio e sentido de fazer o que fazemos e da maneira como fazemos.

> A Arquitetura Sensorial propõe o despertar dos sentidos, da consciência de que somos únicos, porém parte integrante do Todo; propõe aprimorar essa conexão. Estimular a sinergia, a intuição, é um caminho importante para ativar essa sabedoria adormecida em nosso espírito e que carregamos em nosso DNA, fruto das experiências adquiridas por nossos ancestrais e antepassados.

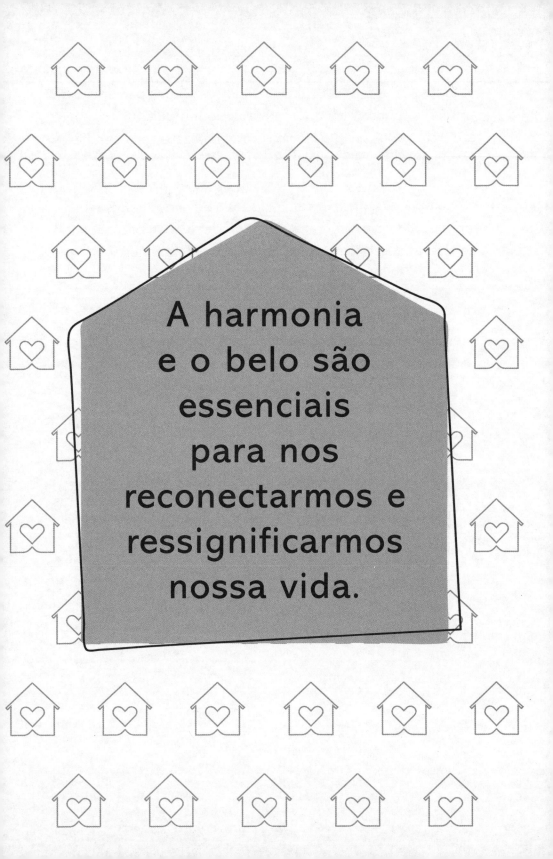

A harmonia e o belo são essenciais para nos reconectarmos e ressignificarmos nossa vida.

Capítulo 3

L.A.B.O.R.A.T.Ó.R.I.O. SENSORIAL

Imagine-se em um ambiente de abundante beleza, no qual a forma, a função e a harmonia exalam e evidenciam as características que favorecem seu plano de vida. Pense em sua casa, desde a entrada dela até o cômodo mais distante, com espaços que proporcionem uma paz interior que ocasiona clareza, concedam momentos de escuta interior, viabilizem sua percepção e reflexão para seus próximos passos. Que esses ambientes propaguem seu sucesso, propiciem sonos regeneradores em seu dormitório, permitam alavancar sua saúde, que o façam economizar tempo e sejam funcionais, pois estão em sintonia com o que você está buscando cumprindo uma hierarquia de organização alinhada aos seus objetivos. Por onde você olha, esses ambientes o remetem a momentos felizes, suscitam alegria, entusiasmo, proporcionam gratidão, pois conectam-no ao Divino. Uma casa capaz de revelar suas virtudes, de enaltecer seu caráter, proporcionando descanso o suficiente; que não o consome, não o suga a ponto de impedi-lo de levantar e agir cada vez melhor.

Uma morada sagrada, como um templo, é capaz de acolhê--lo e elevá-lo; um lugar que lhe dá prazer em estar, receber e permanecer; em que há o aprofundamento das relações mais

CASA COMIGO?

importantes da sua vida. Um espaço que eduque naturalmente, sem necessidade de ditar regras o dia todo, sendo iluminado mesmo quando a luz do sol não estiver "lavando as janelas". Uma morada de sabedoria, que o canaliza a viver uma vida que vale a pena, sem arrependimentos, segredos ruins ou doenças.

> Um ambiente assim, em que revelamos o nosso mais verdadeiro eu, é a nossa casa: local destinado a escancarar nossas vitórias, guardar nossos objetos, contar nossas histórias, armazenar e reproduzir nossas memórias, abrigar nosso corpo e permitir que nos higienizemos, embelezemos, nutramos, hidratemos, descansemos, isolemos, protejamos e curemos, até mesmo quando não queremos interagir com o restante do mundo.

Isso mesmo, a nossa casa, nosso ambiente, pode nos curar ou nos destruir. A palavra ambiente engloba o espaço delimitado por uma construção e tudo o que é vivenciado dentro dela, como emoções, percepções, comportamentos, hábitos, cultivo de relações etc. Esse local existencial inserido no mundo, materializado por meio de paredes que delimitam uma área, nos acompanha desde pequenos. E ele, frequentado por nós diariamente, vai se transformando e nos transformando, acompanhando nossas mudanças, uma espécie de receptáculo externo a nós. Existe uma ligação energética nossa com nossos pertences, uma espécie de elo espiritual, e estes podem estar nos sobrecarregando e drenando nossa fonte de energia ou potencializando a nossa energia vital.

Capítulo 3: L.A.B.O.R.A.T.Ó.R.I.O. SENSORIAL

A casa é o nosso bem passivo mais importante, pois nos proporciona condições físicas, psicológicas e energéticas para buscar os bens ativos da nossa vida. Você há de concordar comigo que ela é essencial, importante e saudável. Por esse motivo, precisamos nos comprometer com esse ambiente, que é capaz de propiciar, somar e multiplicar nossas vitórias, diminuir nossos erros, fracassos e desânimos, desde que esteja em consonância com nosso interior – mais precisamente, com nosso eu sagrado.

Como fazer isso?, você deve estar se perguntando. A solução é simples. É necessário olharmos para nós mesmos com humildade, longe de julgamentos alheios, num silêncio profundo para escutarmos o nosso coração. Precisamos entender o momento que estamos vivendo, planejando; o que de fato desejamos, se é ecológico (ou seja, se não prejudica outras pessoas e é saudável), se promove evolução, se faz sentido. Compreendermos aonde queremos chegar é muito importante para avaliar se temos de reprogramar ou redesenhar a rota. É essencial classificar essa análise e entender que existem memórias que nos constroem – momentos eternos e repletos de conexão e significados – ou que podem estar nos consumindo em demasia se estivermos apegados ao que já passou, insistindo em repeti-los, o que evidencia padrões em nossa casa e em nossa vida que já não servem mais, principalmente para sermos capazes de evoluir. Objetos e paredes que carregam essa carga de memória mesmo que de forma inconsciente, regredir e nos envolver com esse padrão energético e emocional que adormece e inebria a nossa alma, em vez de acordá-la para o momento presente em direção a quem desejamos ser.

A nossa casa é a única "coisa concreta" passível de ver, sentir e escutar além de nós, o que significa que é bem mais fácil conseguirmos nos observar através dela. É uma perspectiva do que acontece dentro de nós. Permite ser uma cura de fora para dentro, o que torna essa experiência mais fácil e mais leve de ser executada, além de proporcionar grandes resultados; afinal, estamos partindo da base da Pirâmide de Maslow, lembra? Estamos iniciando pelo ambiente.

A nossa casa é um ambiente que expressa e ecoa o nosso interior, que nos ajuda a identificar as falhas, "as sujeiras debaixo do tapete", as vidraças quebradas, os objetos em excesso, mesmo que escondidos por detrás de extensas portas de armários. Revela os nós das fiações elétricas, identifica os vazamentos, um simples, porém incômodo, gotejamento ou curto-circuito que necessite de ajuste. É onde as paredes têm ouvidos e armazenam as memórias vindas daquele espaço. É onde o subconsciente revela o seu nível espiritual através da escolha de uma casa num solo repleto de energias telúricas, falhas geológicas e cruzamentos de veios d'água que só desfavorecem e atrapalham a evolução do nosso caminho.

É a sua casa que mostra se há um bom e favorável *Chi* circulando, um *Feng Shui* auspicioso, desde o estudo do solo, até a escolha dos pontos cardeais para direcionar os cômodos, o ano em que fez ou refez a cobertura, a proximidade ou não de redes de alta tensão, campos eletromagnéticos, desequilíbrio de íons, memórias de parede e pensamento existentes. Uma infinidade de caracteres impacta o seu comportamento de forma invisível. Assim como o ar que não vemos, mas respiramos, é com a sua casa. Uma quantidade enorme de redes de energias de alta tensão, campos eletromagnéticos, desequilíbrios de íons e rede *Hartmann*[13] que circunda e interage

---

[13] ERNST Hartmann. *In*: WIKIPEDIA. Disponível em: https://pt.wikipedia.org/wiki/Ernst_Hartmann?tableofcontents=0#Linhas_Hartmann. Acesso em: 18 jun. 2022.

Capítulo 3: L.A.B.O.R.A.T.Ó.R.I.O. SENSORIAL

diretamente com o nosso corpo energético e físico, influenciando em nossas emoções, pensamentos, sentimentos e, por consequência, ações.

É na nossa casa que descobrimos se estamos em sintonia com um bom ambiente que nos impulsiona, que temos ou não compatibilidade com as direções de áreas de grande permanência como nossa cama, home office, mesas e sofás, os quais, a longo prazo, podem alterar e muito a nossa saúde nas diversas esferas. A nossa casa fortalece ou enfraquece nossas relações conosco, com o cônjuge, a família, os amigos e todos que por ali passam ou que ali convivem com a gente.

Sua casa exala suas vibrações de pensamento e as que outras pessoas têm de você, independentemente de frequentarem ou não esse ambiente, porque energia não tem tempo nem espaço, ela vai até você. Entenda que a sua casa é a projeção do metro quadrado que concretiza todos os seus pensamentos e sentimentos que reverberam seu estilo de vida, evidenciando seu nível espiritual e conectando-o com a beleza ou denegrindo-o a uma escala de sobrevivência.

Olhar para a casa com atenção é autoconhecimento; cuidar dela com consciência é autocuidado; deixá-la bela é enaltecer o seu caráter; harmonizá-la é prosperar em todos os aspectos da vida: ter abundância na saúde, sucesso nas relações, fartura nos negócios, clareza e presença na escolha do propósito alinhado à sua missão. Zelar pela sua casa é propagar um mundo isento de doença, pobreza e conflito.

Comprometer-se com a sua casa é materializar uma pequena parte do Paraíso Terrestre.

Ao longo desses vinte e cinco anos, pude constatar o quanto os indivíduos se transformam por meio do ambiente. Após presenciar inúmeras pessoas vivenciarem essas mudanças, no-

CASA COMIGO?

tei e registrei onde os padrões assertivos se repetiam. Com base nisso, criei um método para restaurar a felicidade delas, um manual de recuperação de performance por meio da casa, englobando agentes transformadores que muitas vezes são mais simples do que imaginamos, mas que dependem da nossa decisão de querer evoluir, bem como de nossa presença, atenção, disciplina, consistência e persistência.

Um singelo, mas poderoso, manual que nos faz recordar dos valores essenciais primordiais. Com ele, será possível estabelecer novos valores e princípios e cuidar de ambas as casas: sua casa-corpo, morada da sua alma, e sua casa-ambiente, transformando seu refúgio no verdadeiro lar que o acolhe e potencializa. Ao se comprometer com a sua casa, você pode alcançar a felicidade!

Este livro se propõe a ser um material de ação, consulta, reinicialização, de voltar para o eixo, para o caminho do meio, para o equilíbrio. Você pode começar por hábitos microscópicos até chegar ao seu próprio prêmio Nobel! Lembre-se de que você não compete com ninguém além de si, e já é muito e com certeza extraordinário ser melhor a cada dia. Tem início agora uma jornada, passo a passo, para lapidar, aprofundar e se aperfeiçoar, utilizando as ferramentas citadas para exalar alegria e intensificar a paixão e a dedicação pelo que se propõe a fazer – e que faça com capricho, que seja sua expressão, que você possa obter maestria e realização plena. Espero que se sinta em paz e tenha a convicção de ter dado o seu melhor.

Mas atenção! Neste momento, a ansiedade só vai atrapalhar, criando obstáculos que vão dificultar atingir seu grande objetivo assertivo de comprometer-se com a sua casa. O seu território deve ser mais que especial, não importa onde seja ou esteja durante sua existência – porque na vida não ficamos em

Capítulo 3: L.A.B.O.R.A.T.Ó.R.I.O. SENSORIAL

um único lugar, e nem mesmo o nosso corpo, que é a verdadeira morada da alma, é eterno.

O método L.A.B.O.R.A.T.Ó.R.I.O. Sensorial é uma verdadeira experimentação do sentir, de aflorar e explorar as atividades, tendo como base a percepção dos cinco sentidos e da intuição, propagando e conectando esse sentir por meio da harmonia na sua casa.

Esse Laboratório é composto de:

- Leveza;
- Atitude;
- Bem & beleza;
- Ordem & harmonia;
- Recursos naturais;
- Arte;
- Tesão & trabalho;
- Otimismo;
- Ressignificação;
- Intencionalidade;
- Oração.

Vem comigo!

Capítulo 4

L.EVEZA

LEVEZA É PERFORMANCE

Precisamos ser mais leves, caráter do que é singelo, delicado, gentil. É por meio da leveza que nossa alma ressoa em outros corações, que alcançamos a paz profunda, o silêncio interior. Escute seu silêncio. Aprenda a silenciar-se para sentir a sua essência, para ir ao encontro da sua consciência e descobrir o que verdadeiramente busca. Leveza é a plenitude que você alcança flutuando. É pura poesia.

Existem alguns recursos que nos auxiliam a atingir essa leveza. Além de exercitar o silêncio, recomendo práticas meditativas e de crescimento e ação rápida de dentro para fora. Estas podem ser: a própria meditação; *Johrei*, espécie de canalização de energia divina recebida através das mãos, que é uma oração em ação e significa purificação do espírito, de origem japonesa e muito difundida no Brasil pelo filósofo Mokiti Okada;[14] Reiki; Mindfulness;[15] Yoga, com movimentos de respiração e consciência delicados e precisos por meio dos quais se adquire o equilíbrio;

---

[14] JOHREI. **Igreja Messiânica Mundial do Brasil**, [s.d.]. Disponível em: https://www.messianica.org.br/johrei. Acesso em: 30 maio 2022.

[15] GONZÁLES, L. Mindfulness: como domar a sua mente. Agora. **Superinteressante**, 12 out. 2021. Disponível em: https://super.abril.com.br/comportamento/mindfulness-aqui-e-agora/. Acesso em: 30 maio 2022.

massagens, cujo poder do toque e de suaves movimentos extrai sensibilidade; orações, palavras, mantras, sons pronunciados com intencionalidade e que nos conectam ao Divino. Todas estas dicas são movimentos e pausas que nos inundam de hormônios que geram paz, bem-estar, felicidade e leveza da alma.

As experiências que proporcionam leveza de espírito podem ser ainda mais simples, variadas e lúdicas. Quer sentir?

Que tal boiar numa piscina e observar o céu, os pássaros a voar ou o desenho que as nuvens formam com o seu movimento? Ou, se a piscina for coberta, o que há atrás das estruturas do revestimento que a cerca? Como a luz e o reflexo da água incidem nessa cobertura?

Por que não imaginar, criar a melhor solução lúdica, esbanjando beleza? Sonhar, ferramenta tão importante para explorar a nossa criatividade. O sonho, alinhado à disciplina, ao espírito de busca, é o segredo da boa sorte. É igual a progresso. Depois que a mente viu, não consegue "desver". Crie o seu destino. Seja leve, tal como uma pintura em aquarela, em que as cores se expressam de maneira suave e sutil, o pincel sendo conduzido pelo artista responsável por dosar a quantidade certa de água e finalizar a magia. Use seu coração e sua mente e se projete, depois concretize os seus sonhos. Uma mente expandida pode fazer um destino brilhante.

Para resfriar a mente, refrescar os pensamentos, rejuvenescer a pele e reiniciar as ações, até mesmo eliminando e ressignificando crenças limitantes, que tal um mergulho de cabeça numa piscina bem gelada? Depois da infância, quando foi a última vez que fez isso, levado pela oportunidade de uma brincadeira de verão para guardar na memória?

Meu mentor fez isso comigo alguns anos atrás, propondo um banho de mar. Quando disse a você, lá na Introdução, que ressuscitei aos 39 anos, isso de fato aconteceu; revivi essa sensação e desde então não economizei mais em senti-la. Aprendemos por repetição ou forte impacto emocional. Naquele dia, despida de meus julgamentos e decidida a mudar, intencionei de frente para o mar, junto à Grande Natureza, que minhas crenças limitantes fossem eliminadas e minha energia fosse concedida de volta, para retomar as rédeas da minha vida e cumprir minha missão por meio de um novo propósito, evoluindo sem pressa, sem pausa e com harmonia até o próximo nível de elevação espiritual, sem perder a ternura e doçura do bem viver.

Outra experiência que sugiro é a de um *day spa*! Um único dia com tantos autocuidados que nos levam a essa leveza: massagens relaxantes e revigorantes; pedras quentes, a quatro mãos, com agulhas. Todos esses tratamentos têm a função de proporcionar paz interior e nos fazer desapegar de emoções ruins que mantemos em nossa casa-corpo.

Você também pode reservar uma manhã para um *skincare* caprichado: água gelada no rosto, um bom tônico e um hidratante poderoso que lhe devolvam a sensação de frescor, satisfação, leveza e beleza. Aposte no uso de máscaras para enriquecer o autocuidado, ampliando não só a autoestima, mas o autoconhecimento, por meio do olhar-se, admirar-se, reconhecer-se no espelho, iniciando uma conexão com a sua imagem e obtendo uma leitura do seu eu interior. Aproveite e sorria para si, sinta gratidão pelo momento presente, por estar presente. Sinta atenção plena em si. Inspire e expire profunda e lentamente. Quando enfim conseguimos silenciar nossa mente e expandir a consciência, olhamos para nós mesmos de modo verdadeiro. Mentalize a mensagem que quer transmitir ao Universo: "Querido Universo, permito-me receber benevolências e muita prosperidade, além do que eu possa imaginar".

Podemos buscar a leveza em um ambiente de paz, fazendo refeições ao ar livre, tomando um café da manhã longo e sem pressa, mesmo que para isso precisemos acordar bem mais cedo, na companhia de um jardim, ainda que seja apenas um lindo botão de flor num vaso à mesa, sozinho ou na companhia de um(a) amiga(o) ou parceiro(a) que esteja na mesma vibração que nós: buscando a felicidade e a paz revigorante que um momento faz à nossa alma, nutrindo-a ao despertar a oportunidade de viver um novo dia.

O sexo também pode ser uma fonte de leveza, com conexão, sinergia, sensibilidade, sincronicidade, desejo e transbordo no sentir. Faça esse sentir ser leve; esse momento e essa vida serem únicos. O tempo não volta, então lembre-se de vivê-lo com atenção plena e ele será ainda mais especial.

A leveza precisa acontecer na mente e no espírito, mas também no corpo; portanto, precisamos rever nossos hábitos alimentares. Sua alimentação é o que o nutre, então busque alimentos mais naturais, menos processados, preste atenção às quantidades, fique atento às mastigações, aos sabores, aos sentidos, olhe, tateie, cheire, escute, deguste. Aprecie com moderação e com consciência. E tudo à volta precisa estar em sintonia: onde está inserido esse alimento, como são os pratos, talheres, toalhas, guardanapos, a mesa, o ambiente, a iluminação, a decoração, os materiais, a bebida que acompanha.

Além de nutrir seu corpo, está alimentando seus medos, mágoas, tristezas e frustrações? Dê atenção à mastigação. Se concentrar no momento presente faz você engolir menos emoções.

Após meu divórcio, aumentei em aproximadamente 25 quilos o meu peso. Estava triste, inchada, inflamada, sem energia, com vergonha da minha imagem, e levei muito tempo até despertar e conseguir obter ferramentas de autodesenvolvimento para voltar ao meu peso. Eu estava cega, e uma espécie de um vulto nebuloso não me deixava enxergar a minha imagem na frente do espelho. Eu não queria ver, mexer nas feridas, nem me desapegar do passado. Precisei olhar para mim, e cuidar-me de dentro para fora, o que demanda coragem e autorresponsabilidade. No entanto, o que de fato funcionou como um grande *start* foi quando comecei a cuidar primeiramente de fora para dentro, isto é, parei de alimentar a tristeza, a angústia, o apego materializados em excesso de objetos repletos de energias estagnadas na minha casa.

Faça uma autoavaliação, e esta será a chave para essa transformação na busca por equilíbrio. Diariamente, fique em frente ao espelho e busque olhar no fundo dos seus olhos, pedindo ao Universo que desvende e desnude aquilo que você evita enxergar. Permita-se se amar novamente. A ativista social norte-americana Anna Eleanor Roosevelt afirmou: "Ninguém pode te fazer sentir inferior, a não ser com o seu consentimento".[16]

Se essa pessoa está sendo você mesmo, repita todos os dias: "Eu me amo, eu sou belo(a) por dentro e por fora. Por favor, me liberte das amarras do passado, de um(a) [repita seu nome] que já não sou mais". Sorria para si, sustente esse sorriso no rosto durante alguns minutos e continue olhando olho no olho, lá no fundo da alma. E, se sentir vontade de chorar, chore, esvazie lágrimas de tristeza. Permita-se, tenha orgulho da sua história, e saiba que nunca é tarde para recomeçar.

Exercícios de perdão e autoperdão, realizados por meio de frases de afirmação e mantras, auxiliam a mudança de padrão

---

[16] WINDMILL, E. No One Can Make You Feel Inferior Without Your Consent. **Lifehack**. Disponível em: https://www.lifehack.org/453162/no-one-can-make-you-feel-inferior-without-your-consent. Acesso em: 29 jun. 2022.

de pensamento. São muito importantes para desamarrar-se das tristezas, deixar fluir, entender que erros e fracassos fazem parte da jornada, assim como vitórias e sucessos. "Orai e vigiai" seus pensamentos. Precisamos escolher se queremos sentir a dor do crescimento (disciplina de agir, o poder do movimento) ou a dor do arrependimento (da inanição, o não fazer nada, que também é uma escolha).

> **Quanto mais cedo tiver coragem para voltar e ser você em essência, mais fácil será. E a vida é repleta de ciclos, nada dura para sempre. Não há bem que dure eternamente, nem mal que seja permanente.**

A LEVEZA DE FORA PARA DENTRO

O desapego é um grande trunfo de salvação para trazer a leveza. Durante a fase da depressão eu me tornei acumuladora, mas demorei a enxergar esse sintoma. Minha família não foi incisiva e direta nas palavras. Com receio de me magoar, queriam me poupar de destacar aquele terror naqueles duros primeiros anos, evidenciar que eu havia me afastado da minha essência, da minha fé sem perceber. Minha sensibilidade estava abalada, minha intuição adormecida, e eu não enxergava nada disso, portanto não sabia como eliminar ou sequer tinha energia para tal.

Dessa época, tenho algumas lembranças específicas, hoje já ressignificadas, que existem em minha memória como um alerta, barreiras a não se ultrapassar novamente. Muitas vezes, e por muito tempo, mantinha objetos, papéis, trabalho junto a mim na cama ao dormir. Alimentos, até os enlatados, expira-

Capítulo 4: L.EVEZA

vam a data de validade nos armários. A minha diarista sempre me ajudava a arrumar espaço, tentando colocar a casa em ordem, a organizar o excesso, num movimento sem fim. Minha irmã caçula, que na época trabalhava comigo num escritório anexo à minha casa, numa manhã tomou a frente da arrumação e eliminou os alimentos dos armários, geladeira e freezer. Recordo-me da minha melhor amiga, Rosana, ao me visitar e, chocada, sutilmente se oferecer para me auxiliar, guardando as coisas espalhadas pelo chão, acumuladas no sofá, na escada.

Tive uma cliente nesse estado, antes da minha depressão. Eu estou acostumada a encontrar ambientes com energias estagnadas, por vezes em desuso, necessitando de reformas, mas aquela era a primeira vez que eu havia tido contato com isso. Nunca vira uma garagem repleta de roupas, como uma loja de atacado. Inúmeros remédios estavam espalhados pela mesa de jantar, objetos pelos móveis, estantes, aparadores; havia produtos de banheiro em excesso, como o estoque de uma farmácia ou supermercado, armários repletos de papéis e muitas caixas espalhadas pelo chão. Além do meu trabalho, ela precisou de ajuda psiquiátrica e de terapias.

Enquanto o meu caso, anos depois, foi resultante de um desequilíbrio após a separação de um longo relacionamento somado à inexperiência de criar uma bebê sozinha, a uma depressão avançada e à falta de maturidade para administrar os fatos (o que me fez me perder de mim mesma), a situação daquela cliente era relacionada a problemas emocionais de abandono com a família, além da perda do emprego. Infelizmente, colocamo-nos em situações lamentáveis, num verdadeiro beco sem saída. Vibramos essa nova realidade adotada com todas as células do nosso corpo, acreditando que não existe solução, que perdemos o segredo da boa sorte.

CASA COMIGO?

Registro, portanto, um suplício a você: desapegue – inclusive dos problemas! – e jamais desconecte-se da sua Fé. Fé abalada, confiança extinta.

Nesse desapego, faça boas escolhas de tudo o que fica, de tudo o que de alguma forma você absorve, experiencia e sente. Seja seletivo àquilo que lhe faz bem (por exemplo, ao que você escuta), liberte-se do que não lhe traz sensações agradáveis. Escute músicas que enalteçam seu caráter, sons que exalem belas melodias, que o conectem a sentimentos elevados. Músicas podem nos libertar de sentimentos ruins e nos estimulam a agir positivamente. Aquelas que falam de amor, de paixão, devem provocar essa exacerbação, liberação e conexão com quem as escuta. Trata-se de uma escuta ativa, então sinta a música. Músicos e instrumentistas entendem como chegar a esse nirvana. Use a música para elevá-lo, e não o destruir. Faça escolhas conscientes!

A importância do poder da palavra, dos sons e melodias foi notada por meio de um estudo feito com as moléculas de água expostas a sons e palavras,[17] realizado pelo professor Masaru Emoto. Fazendo uso de cristais de água congelados e observando suas reações físicas diretamente atreladas ao estímulo externo pelo qual essas moléculas estavam expostas, ele experienciou que estímulos positivos garantiam a formação de cristais mais límpidos e perfeitos, enquanto os negativos formavam cristais imperfeitos. Da mesma maneira, então, se aproximadamente 70% do nosso corpo é composto de água,

[17] NORA-MELLO, A. R.; PEREIRA, L. G. F. Medicamento homeopático: contribuições de Masaru Emoto e a memória da água. **Revista Científica Semana Acadêmica**. Fortaleza, ano 2014, n. 60, 2014. Disponível em: https://semanaacademica.org.br/artigo/medicamento-homeopatico-contribuicoes-de-masaru-emoto-e-memoria-da-agua. Acesso em: 31 maio 2022.

ele também sofre o impacto de palavras e sons, que podem nos beneficiar ou nos prejudicar – e até adoecer.

É de grande responsabilidade, portanto, avaliar as palavras que está proferindo no seu dia a dia e a quais está exposto, a que roda de pessoas se associa, quais são suas opções musicais, ambientes que frequenta, que livros e gêneros cinematográficos entram no seu repertório, quais redes sociais, programas de televisão, rádio e internet escolhe acompanhar. Você pode se surpreender ao saber o quanto todas essas influências podem contribuir para o seu estado de espírito, enquanto acredita que está apenas se divertindo.

Devemos escolher músicas âncoras, que inspiram, que curam, que transformam. São a ferramenta mais rápida e eficaz para sair da tristeza, para quebrar e transformar rapidamente um estado emocional estressante, desesperançoso, perdido e desfocado. Basta apenas um clique em uma *playlist* feita para isso, e tenho uma que talvez possa inspirá-lo.

Aponte a câmera do seu celular para o QR code ao lado e acesse a playlist

Se possível, utilize fones de ouvido, que ajudam a ter foco e atenção plena, eliminando os ruídos externos e contribuindo para a sintonia com o estado de espírito da sua alma. Você vai entrar num estado da Arte, pois suas moléculas de água estarão vibrando em sintonia com a música. Essa é a

CASA COMIGO?

razão da importância da escolha da música, da responsabilidade da sua seleção e a do próprio artista de enobrecer o caráter do homem.

No entanto, não só o som representa uma influência para nós. O silêncio também tem esse papel. Aprendi com uma cliente doutora em Filosofia, Maria José Moraes R. Ramos, muito sábia, experiente e elegante, e por quem tenho profunda admiração e respeito, a importância do conceito do ócio criativo, desenvolvido pelo sociólogo italiano Domenico de Masi.[18] Devemos abrir momentos, janelas de tempo e lacunas em nossos dias para não fazermos nada, absolutamente nada. Parece simples, mas não é. Esvair-nos de fazer coisas, dissipar e evaporar pensamentos e sentir apenas a nossa presença. A verdadeira criatividade nasce depois disso. Parece magia.

E digo mais: ouvir o nosso corpo, quando silenciamos todo e qualquer ruído, é algo inato em nós. Quando bebês, choramos de maneira automática se algo está em desacordo ou em desequilíbrio conosco; entretanto, à medida que nos tornamos adultos, perdemos essa competência, silenciando-a. Se nosso corpo não está confortável com algo, racionalizamos o sentimento, guardamos mágoa, explodimos num momento "oportuno". Por isso, precisamos aproveitar o silêncio para voltar a ouvir e nos colocarmos à disposição para buscar leveza.

O destralhe, nas sessões de organização, durante um processo de limpeza, desapego e purificação permite escutar nosso corpo. A leveza vem com o desapego, com a fluidez... Menos é mais! Precisamos e devemos aplicar isso nas nossas duas casas.

---

[18] DE MASI, D. **O ócio criativo**. Rio de Janeiro: Sextante, 2004.

A LEVEZA NA CASA-AMBIENTE

Em nossas casas, para alcançar a leveza, precisamos nos livrar das energias estagnadas, devemos purificar os espaços, que têm de ser inundados pelo máximo de luz natural, a energia ímpar do sol, a energia *Yang*. Essa luz brilhante, irradiante e natural vai ajudá-lo a perceber o que não combina com ela, inspirando-o a percorrer e limpar cada cômodo, cada mobiliário existente, cada objeto; a destralhar, a desapegar, a subtrair para obter o resultado desejado: a leveza da alma. A leveza de um ambiente contagia os demais espaços ocupados não só por móveis e pessoas, mas por pura energia, a essência da casa.

Aprenda a fazer perguntas inteligentes e poderosas que vão fazê-lo ter a humildade e a clareza necessárias para entrar em ação, com consciência e presença, impulsionando-o para o seu eu do futuro.

Durante a minha jornada de autoconhecimento, procurei respostas que pudessem me auxiliar a sair daquele estado de inanição, a recuperar a minha energia. Fui em busca de "sinais" e li livros que me auxiliaram nesse resgate. Alguns dos ensinamentos obtidos eu trago aqui, para ajudá-lo a desapegar e iniciar o processo de cura, virar essa página dolorida da sua vida (se esse for o caso), ou rever comportamentos, hábitos e rotinas, promovendo mudanças e melhorias e fazendo seu ambiente trabalhar a seu favor, em harmonia e sintonia com a vida que você deseja. Um ambiente potencializador de energias positivas, que cure quando for necessário, que acalme e anime na dose certa – e no cômodo certo – proporciona leveza, prosperidade e felicidade.

Deparei-me com diferentes métodos, como: "O que te traz alegria?",[19] de Marie Kondo; "Pergunte a si mesmo o que é realmente importante, e, em seguida, tenha coragem de organizar seu lar e sua vida em torno dessa resposta",[20] de Joshua Becker; ou "O que é essencial? Responda com sinceridade, e elimine todo o resto",[21] de Greg McKeown. E todos eles concordam em essência que você não precisa de mais espaço. Precisa de menos coisas. Quanto mais coisas temos, mais sobrecarregados ficamos.

> **A leveza vem também por meio da prudência, do bom senso e do equilíbrio; vem da harmonia conquistada. Por isso, ao aplicar esses conceitos na casa, precisamos ter proporção entre os ambientes usados e os não habitados. Ambientes desocupados não têm vitalidade, portanto são repletos de energias estagnadas, sem movimento. Trata-se de lugares sem significado, sem memória; de vazios evidenciados.**

Também é importante estar atento à circulação nos ambientes, sem móveis e objetos que a atrapalhem. Deve-se existir e respeitar um layout feito com beleza, espaços preenchidos obedecendo a regras de proporção, de harmonia – seja na si-

---

[19] KONDO, M. **A mágica da arrumação**: a arte japonesa de colocar ordem na sua casa e na sua vida. Rio de Janeiro: Sextante, 2015.

[20] BECKER, J. **A casa minimalista**: guia prático para uma vida livre de excessos materiais e com novo propósito. Rio de Janeiro: Agir, 2019.

[21] MCKEOWN, G. **Essencialismo**: a disciplinada busca por menos. Rio de Janeiro: Sextante, 2015.

metria, seja na ausência dela –, e com funcionalidade, suprindo o que faz parte do essencial. Melhor ainda se esse layout respeitar as proporções áureas. Projetos que harmonizam e expressam a sequência de Fibonacci[22] – sistema numérico utilizado para construir um retângulo de ouro, considerado a forma geométrica mais bela e harmônica de todas – tornam um ambiente harmônico, conectado às proporções áureas contidas nos elementos da Natureza, ou seja, em vibração próspera em consonância com o Universo.

A título de curiosidade, trago um fato muito interessante a respeito do uso dessa geometria sagrada na arquitetura. Uma pesquisa relaciona o uso dessa geometria nas catedrais góticas da Europa, que expressam essa proporção áurea até mesmo na paginação de seus mármores, e a "misteriosa" transformação desses ambientes em um local mais seguro e não propagador de doenças como a peste negra.[23]

Entendida a importância da iluminação natural e das proporções, o passo seguinte é atentar-se para a iluminação artificial, capaz de criar verdadeiros cenários poéticos e deslumbrantes, transmissores de quietude, conforto, integração, produtividade e relaxamento.

Eu, como arquiteta e *lighting designer*, recomendo lâmpadas com a temperatura de cor de 2.700 kelvin, popularmente

[22] LEOPOLDINO, K. S. M. **Sequência de Fibonacci e a Razão Áurea**. Tese (Mestrado em Matemática) – Universidade Federal do Rio Grande do Norte, Natal, 2016. Disponível em: https://repositorio.ufrn.br/bitstream/123456789/21244/1/KarloSergioMedeirosLeopoldino_DISSERT.pdf. Acesso em: 31 maio 2022.

[23] MACHADO, L. C.; DIAS, S. I. S. **O simbólico da geometria na arquitetura sagrada**: o caso do gótico e do desconstrutivismo. 2014. Disponível em: https://www2.fag.edu.br/professores/arquiteturaeurbanismo/TC%20CAUFAG/TC2014/LAURA%20CAROLINE%20MACHADO/Laura%20Caroline%20Machado%20-%20ARTIGO.pdf. Acesso em: 31 maio 2022.

CASA COMIGO?

conhecidas como lâmpadas quentes. Existe uma grande falha de informação, tanto de lojas e vendedores como dos consumidores, que não entendem do assunto e acabam desfigurando, entristecendo, empobrecendo, desvirtuando ruas, jardins, fachadas, quartos, salas e banheiros com o uso de lâmpadas de temperatura fria iniciada em 4.000 kelvin (ainda consideradas neutras, mas que vão até a escala de 6.500 kelvin – uma iluminação extremamente fria, utilizada em necrotérios e centros cirúrgicos, e que prejudica o ciclo de vida de animais, pássaros e insetos).

Como primeira transformação obrigatória de sua casa, sugiro essa mudança significativa das lâmpadas por uma temperatura de cor quente (2.700 kelvin) que transmita aconchego, segurança e paz.

Se você está buscando por mais harmonia, leveza e prosperidade, comece revisando sua iluminação. E inunde sua casa com a energia do amanhecer e a beleza do entardecer.

Faça o uso também da iluminação indireta, proveniente de abajures, arandelas, luminárias de leitura, balizadores, espetos, *spots* direcionáveis e até *plafons*, no intuito de clarear o ambiente sem ofuscar a sua visão, pois a luz não vem diretamente para seus olhos. Esses objetos são capazes de criar cenas muito agradáveis, promovem um clima mais intimista, valorizam os detalhes e relaxam a visão, as expressões, deixando tudo mais leve – inclusive as relações que interagem naquele ambiente –, mais romântico, mais elegante, mais nobre, mais belo.

Lembre-se: "O mundo muda com teu exemplo, não com a tua opinião" (Paulo Coelho). Então, mãos à obra!

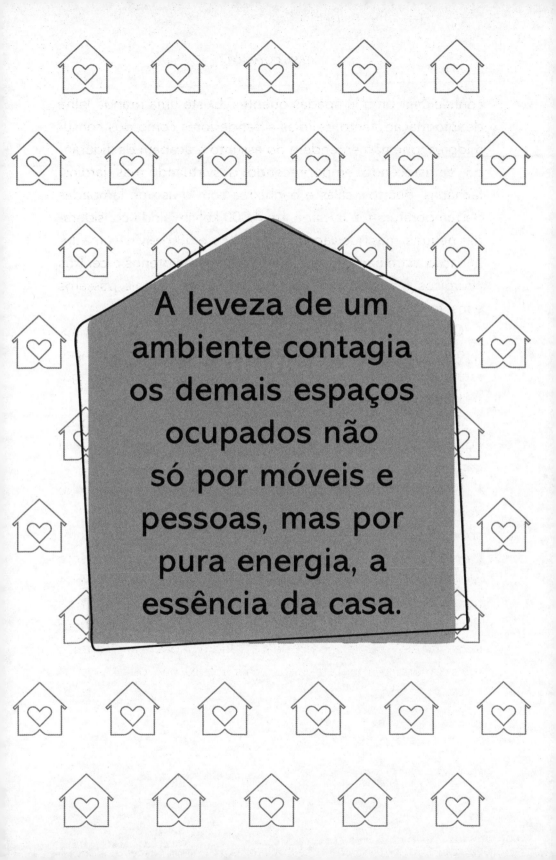

A leveza de um ambiente contagia os demais espaços ocupados não só por móveis e pessoas, mas por pura energia, a essência da casa.

Capítulo 5

A.TITUDE

ATITUDE, O PODER DA DECISÃO E DA AÇÃO, DO MOVIMENTO

Sim, congelamos e travamos muitas vezes no nosso dia a dia, com sensações, pensamentos, palavras, e enrijecemos nosso sorriso, nosso olhar, nossas verbalizações e expressões, nossas decisões, nossos ombros, nosso corpo.

Carregamos mais do que devemos, porque não somos treinados desde sempre para lidar com nossas emoções. Não somos estimulados a pensar e agir com nossos valores, experiências e aprendizados. Demoramos para descobrir que o autoconhecimento é uma ferramenta que nos liberta; que o movimento nos deixa fortes, leves, flexíveis, sadios, ágeis e serenos; que as ações nos impulsionam rumo a nossas conquistas e promovem resultados; que um conjunto de ações pode gerar poder, evolução, reconhecimento, confiança e autoestima.

O movimento precisa ser traduzido em atenção e intenção no que é relevante. E não me refiro somente àquele efetuado ao realizarmos um exercício físico, mas também ao movimento do espírito, da alma. É o mover-se em direção às paixões, a fim de adquirir a inspiração necessária para criar e cocriar as próprias escolhas, para inventar, se reinventar em direção aos seus sonhos e promover essas conquistas.

Quando estamos em movimento, não há espaço para dúvidas ou medo. Porque o movimento nos impulsiona, nos leva para a frente, para sermos mais fortes, mais sábios. Sejamos fortes, resistentes e flexíveis (resilientes) como os nós das hastes de um bambu. O movimento nos inspira a agir e fazer cada dia valer a pena, vivendo o momento presente. A Grande Natureza está em constante movimento. É como o bater das asas da borboleta, que pode provocar um furacão.[24]

ATITUDE EM CASA

Em nossa casa, essa atitude está nas ações para transformar a energia dos ambientes. O movimento é dado por meio da frequência de simples tarefas de manutenção e arrumação, que permitem a entrada e a renovação do *Chi* e, aplicadas principalmente na arte do *Feng Shui*, eliminam fluxos de energias telúricas nocivas.

No capítulo anterior, você aprendeu a importância da iluminação correta e da abundância de luz natural para promover leveza em seu ambiente. Já a limpeza e a arrumação, em tarefas simples e frequentes, permitem o fluxo abundante de energias benéficas.

Sugiro iniciar seu dia, por exemplo, arrumando a sua cama. "Se você quer mudar o mundo, comece arrumando a sua cama."[25] Executar essa simples tarefa traz uma dinâmica eficiente para a renovação das energias do ambiente do quarto,

---

[24] WOLCHOVER, N. Can a Buterfly in Brazil Really Cause a Tornado in Texas? **Live Science**, 13 dez. 2011. Disponível em: https://www.livescience.com/17455-butterfly-effect-weather-prediction.html. Acesso em: 31 maio 2022.

[25] MCRAVEN, W. H. **Arrume a sua cama**: pequenas coisas que podem mudar a sua vida… e talvez do mundo. São Paulo: Academia, 2019.

Capítulo 5: A.TITUDE

além de contribuir positivamente para o cérebro, que interpreta essa ação como uma tarefa já executada logo no início do seu dia.

Reserve alguns minutos para checar sua lista de compras ou afazeres domésticos, como separar roupas e organizar objetos que estão fora do lugar (livros, controles, carregadores, brinquedos, toalhas, garrafas, copos, óculos, louças, bandejas etc.), a fim de redistribuí-los, cada um no seu lugar, deixando tudo em ordem após o café da manhã. Mantenha as janelas abertas para plena atividade do sol, dando permissão e acesso à luz natural. Uma boa dica é usar um cesto, uma sacola ou mesmo bandeja, que o auxilie a sair de um cômodo a outro com tudo o que precisa redistribuir; assim, não precisa ir e voltar, o que o fará perder tempo e energia. Se houver tempo disponível, revise e refresque flores em vasos. Inclua esses cuidados diários em sua rotina.

Essas tarefas podem ser delegadas, mas sugiro que aconteçam no período da manhã. Saia de casa com a certeza de que já atingiu pequenos objetivos, executando todas ou algumas dessas pequenas, porém importantes, atitudes – e que as outras estão sendo exercidas. Ao retornar, ou mesmo para quem faz home office, sentirá prazer em iniciar seu dia com atitudes simples. Esse checklist concluído contribui para aumentar a sua produtividade e elevar a energia da casa.

O propósito da casa é cuidar de nós, mas, antes, precisamos cuidar dela, para que se torne um espaço de reabastecimento de energias, de propagação de amor, que nos proporcione conforto, lazer, refúgio, morada, descanso. Para ter o controle da sua vida, é preciso aprender a controlar a sua casa. Se ela ainda não é esse local, o primeiro passo é fechar os olhos e visualizá-la organizada, cuidada e harmônica. Qual o resultado dessa visualização? Essa é uma excelente ferramenta para você entender quais são as atitudes que o levarão a esse ideal.

Depois da visualização, anote, crie o passo a passo do que é necessário para alcançá-la, planeje seus objetivos para que se concretizem e se tornem conquistas. Pequenas alterações constantes vão tornar sua rotina mais funcional e prática e ajudarão a eliminar aquilo que o fragiliza.

Para isso, é preciso entender quem é você hoje. O processo de aceitação o fará aliviar cargas extras e desnecessárias, então saiba que o hoje é resultado de todo o conjunto do que viveu, aprendeu e experenciou. Não permita que o passado ou o futuro lhe roubem a sua melhor versão.

Não estou dizendo que não deva ter objetivos para o futuro ou que não tenha de focar as mudanças que vão acontecer, e sim que o mais importante é aceitar o momento presente para saber o que fazer nesse próximo passo. Precisamos estar no momento presente, que de fato é o único no qual exercemos influência, e sermos mais leves e felizes (gratos) pela oportunidade do aqui e do agora.

Após o processo de autoconhecimento, reflita sobre a sua casa. De que maneira ela pode te representar, te expressar e fazer você viver sua melhor versão? Como vive sua casa? Que cômodos utiliza mais? Costuma tomar café da manhã em casa? Seus filhos brincam na sala ou no quarto? Deseja ter filhos, mas usa o dormitório extra como depósito? Que roupas utiliza mais? Está fazendo regime, mas seus armários e a geladeira estão repletos de guloseimas tentadoras que o fazem regredir e abortar seu plano a todo momento?

Deseja ser essencialista, mas guarda até o ticket de ingresso do cinema? Quer ter um local para leitura e meditação, mas obstrui os espaços com excesso de objetos que justificam o seu materialismo e egoísmo desenfreado e que não o conectam a essa busca espiritual de ser?

Quer ter uma garagem coberta, porém usa esse anexo da sua casa para depósito, guardando objetos que acredita que um dia serão úteis, mas que acabam se deteriorando por permanecerem encostados, em desuso, quebrados e repletos de energias estagnadas?

Avalie com atenção o que deseja e como isso pode ser traduzido ou auxiliado em seu ambiente. Essa busca o conduzirá a uma atitude setada e de bons resultados. Movimente-se para isso!

Capítulo 6

B.EM & BELEZA

Bondade, cortesia, humildade, generosidade, sinceridade. Estas são as propriedades de cura, do estado do ser humano que mais nos aproxima do Divino.

O primeiro ponto para alcançar tais características é abominar o conflito. Ninguém ganha com um enfrentamento gerado; e se, aparentemente, você sai ganhando, prejudicou de alguma maneira o outro lado da história, ou seja, mais tarde estará arrependido de ter se envolvido no conflito. E o tempo não volta. Por outro lado, se você perde, sua energia se mantém escassa, de desgosto, ou manifestam-se emoções como raiva e tristeza, que não o ajudam a sair desse estado. Sua frequência vibracional baixa e você entra em estado de sofrimento.

Fazer o bem e agir de acordo com a verdade evita a propagação do mal, poupando-o da dor do sofrimento e do não crescimento. Se puder, esquive-se de uma briga; é melhor do que tentar sair dela. E se você já precisou evitar uma briga, significa que, de alguma maneira, deixou o mal se aproximar. Para que isso não aconteça, é necessário eliminar a mentira, o pessimismo e as atitudes egoístas. Esse é o melhor caminho para fazer vir à tona e prevalecer o bem, para a cura do espírito.

CASA COMIGO?

Em minhas palestras, quando falo sobre sucesso, costumo apresentar a minha maneira de encantar clientes, que nada mais é do que lhes trazer o bem e o belo por meio da minha atitude e de meus serviços. Essa estratégia denominei de 3S: servir, solucionar e surpreender. Servir é colocar-se à disposição, agir sem aguardar nada em troca. Solucionar, por sua vez, é se antecipar aos fatos, ajudar o outro a resolver um problema, mesmo que ele ainda não tenha percebido que tem. Já surpreender é gerar conexões, executar com excelência, capricho, intencionalidade, dedicação e muita energia positiva, colocando seu tempero único que faz a troca ser genuína e especial.

Se você aplicar essa estratégia no seu dia a dia não apenas com clientes, mas com as pessoas à sua volta e em sua casa, certamente encontrará paz, harmonia, gratidão, retribuição e até mesmo contribuição, além de indicação e propagação. Você passa a ser um disseminador do bem e, de certa maneira, da beleza, pois servir é praticar o bem com beleza, é doar-se ao próximo com cuidado, zelo e de modo genuíno.

É essencial avaliar quais valores, princípios e fundamentos você tem ancorados em sua vida para entender melhor suas atitudes. Faça uma reflexão e reveja padrões que não lhe fazem mais sentido. Desenvolva uma filosofia de vida que faça sentido para você e registre-a onde desejar. Comece se inspirando em grandes pensadores e filósofos e se associe a aspectos positivos que foram norteando e fundamentando a base da sua vida, esculpindo o melhor do seu caráter. Depois, enumere e exerça uma lista de princípios que o acompanharão em tomadas de decisões.

Minha filosofia de vida é:

Capítulo 6: B.EM & BELEZA

> "Aprender para Evoluir,
> Evoluir para lapidar,
> Lapidar para encantar,
> Encantar para inspirar,
> Inspirar para salvar".

Na filosofia do zen budismo, o conceito do Bem é colocado da seguinte forma: "Fazer o bem pelo bem, pela alegria de fazer o bem",[26] isto é, viver de forma ética, buscando seguir o caminho da percepção, que é experenciado pela luz e pela compaixão.

"Somos conectados a tudo o que existe, somos a vida da Terra." Por isso se traduz em "Não faço o mal, faço o bem, faço o bem a todas as coisas".

Na sua casa-ambiente, como você faz bem às pessoas que permeiam a sua existência? Serve um copo de água, antecipando-se à vontade de alguém? Acorda mais cedo, prepara a mesa com beleza e serve o café da manhã? Participa do preparo dessa primeira refeição, servindo quem o serve? Vai buscar a toalha seca que estava na área de serviço e a pendura no banheiro para seu(sua) companheiro(a) e filhos? Afofa as almofadas do sofá e utiliza o calor e a energia das suas mãos para alisar os travesseiros? Alegra sua casa e sua família com uma flor do jardim ou da floricultura?

Que tal escrever mensagens no guardanapo ou lanche do seu filho? Pode ser também na casca da banana. Deixe um re-

---

[26] O QUE É Zen Budismo? | Monja Coen. 2014. Vídeo (4min44s). Publicado pelo canal NUMA. Disponível em: https://www.youtube.com/watch?v=U6aujS2BqrA. Acesso em: 2 jun. 2022.

CASA COMIGO?

cado no espelho do banheiro de seu(sua) parceiro(a). Esses são exemplos de pequenas ações no servir, as quais condicionam o nosso comportamento a estarmos sempre antenados, antecedendo e suprindo pequenas necessidades de quem está à nossa volta. Essas atitudes demonstram que somos atenciosos, generosos, dedicados, revelando carinho e compaixão com o próximo, retornando e criando um ciclo de gratidão, gentilezas e amorosidades. Promovemos, evidenciamos e realizamos o Bem. Faça ao próximo aquilo que gostaria que fosse feito com você. Aja com respeito e propicie a reciprocidade.

O filósofo inglês Roger Scruton desenvolve o conceito de beleza da seguinte maneira:[27]

esta pode ser reconfortante, perturbadora, sagrada e profana; pode revigorar, encantar, inspirar, atemorizar. Ela pode influenciar de inúmeras formas, jamais é vista com indiferença: exige nossa atenção; fala-nos diretamente, como a voz do amigo íntimo. Se há alguém indiferente à beleza, sem dúvida é porque não a percebe.

Em seu livro, Scruton ainda nos faz refletir sobre a maneira como a beleza se conecta às nossas atitudes com relação a nossa casa e à beleza incutida nesse movimento, conforme transcrito a seguir:

Convém aqui, dizer que há uma beleza mínima, a qual pode estar muito longe daquelas belezas sagradas da arte e da Natureza que são examinadas pelos filósofos. Existe um minimalismo estético que é exemplificado pelo ato de pôr a

---

[27] SCRUTON, R. **Beleza**. São Paulo: É Realizações, 2013. p. 7, 19.

Capítulo 6: B.EM & BELEZA

mesa, de arrumar o quarto e de projetar um website, no entanto de início parece bem distante do heroísmo estético ilustrado pelo Êxtase de Santa Teresa, de Bernini ou pelo Cravo bem temperado de Bach. Não nos dedicamos a essas atividades como Beethoven se dedicou em seus últimos quartetos, assim não esperamos que elas sejam lembradas para sempre como um dos triunfos do fazer artístico. Não obstante, queremos que a mesa, o quarto e o website pareçam bons, e isso é algo que importa da mesma maneira como a beleza geralmente importa: não apenas porque agrada aos olhos, mas porque transmite significados e valores que nos são relevantes e que desejamos conscientemente expressar.

Com relação à beleza, o que importa é a experiência que ela sugere. Uma casa bela e arrumada nos encanta, nos faz sentir muito bem e querer estar nesse ambiente. E as pessoas, portanto, passam a se comportar de acordo. Ainda segundo Scruton, "a beleza é objeto de deleite sensorial, e não intelectual, sendo sempre necessário, portanto, que os sentidos participem de sua apreciação". Um espaço deve ser repleto de móveis e objetos belos, funcionais e essenciais. Uma casa deve conter símbolos, com representações únicas das perspectivas pessoais da vida, e aprender a escolhê-los de modo intencional pode garantir uma vantagem ao ambiente, pois essa simbologia pessoal pode o impulsionar ou destruir.

A vida é um reflexo do nosso mundo interior e de sua dinâmica. E a nossa casa é a reprodução e o acúmulo de todas as nossas conquistas, fracassos, hábitos, crenças e valores. É um reflexo das nossas memórias. Escolher o que vale a pena ser levado daqui em diante e o que vai de acordo com os seus objetivos é primordial. O bem e o belo são essenciais para aprazer a harmonia.

CASA COMIGO?

Nutra a sua casa com verdade, bem, beleza, amor e presença. Espaços que curam precisam de ambientes vazios, que permitem respirar, fluir e prospectar anseios com criatividade. Temos a tendência de querer preencher o vazio, mas é interessante refletir a respeito de como nos beneficiamos dele. Libertar, deixar ir certos padrões e materializações de comportamentos traduzidos em móveis, objetos e, às vezes, funções de cômodos é fundamental, pois isso nos auxilia a não estagnarmos e a redefinir e estabelecer de fato quem somos e o que queremos daqui por diante.

Gosto de falar de beleza na casa-ambiente explorando os cinco sentidos, pois é por meio deles que absorvemos o mundo e nos sentimos presentes, ligados e conscientes de tudo o que ocorre à nossa volta. Quando nos envolvemos com estímulos certos e em quantidades harmoniosas, a nossa casa exala felicidade. Nós nos sentimos seguros, em nosso mundo particular, ao nos relacionarmos com o espaço de forma sensorial e profunda por intermédio do ar que respiramos, da luz que deixamos entrar ou que acendemos (pode ser a simples chama de uma vela), dos aromas que inalamos e que resgatam ou criam memórias, dos sons que pulsam ao nosso redor e nos tranquilizam, das belas imagens que apuramos pelo nosso olhar.

Essa perspectiva multissensorial está em constante mutação, e é por meio de nossos sentidos que é determinado o nosso bem-estar, que em equilíbrio é fundamental, é a percepção que nos faz sentir mais vivos, mais alegres e mais satisfeitos. É essencial que a nossa casa-ambiente transcenda essa sensação de beleza, leveza e bem-estar. Que seja uma casa holística e afetiva, uma casa que case com você na essência, em sua plenitude, que cure os habitantes. É importante ativar cada um dos sentidos para viver essa relação intrínseca e peculiar, uma casa com alma.

Conforme citado no capítulo destinado ao passo L.eveza, a circulação do ar e a luz natural são cruciais para o lar. Condicione-se a abrir as janelas logo pela manhã, permitindo que a luz e os raios solares possam inundar o recinto. Além disso, a troca de ar é essencial para que os ambientes renovem e repurifiquem a energia da casa; portanto, quanto mais tempo puder deixar as janelas abertas, sem avançar no entardecer, melhor será. Ar puro e limpo é sinônimo de saúde e bem-estar, além de ser uma espécie de presságio de boa sorte, inspiração e criatividade.

> Fuja de locais fechados e sem ventilação, nos quais o ar não circula. Neles, a energia desfavorável e estagnada chamada de *Sha Chi* se faz presente e sobrecarrega todo o nosso sistema mente-corpo-alma. Permita, portanto, que a sua casa respire. Esteja atento e use umidificadores e ionizadores de ar a fim de purificá-lo com a presença de mais íons negativos e umidades balanceadas. Casa saudável, mente saudável.

A luz e a arquitetura formam um cenário fascinante; como uma valoriza a outra, esbanjam ao mesmo tempo beleza e abundância. Os ambientes precisam ser esteticamente bonitos, então é crucial eliminar rachaduras, trincas, manchas de bolor, fungos, ferrugens, vidros quebrados, madeiras sem tratamentos, falta de rejuntes, paredes sujas, desbotadas ou mal pintadas, maçanetas e dobradiças com defeitos, rejuntes manchados e pontos de luz sem luminárias. É preciso cuidar da cobertura da sua casa, limpar o forro, lavar as caixas-d'água e tratar os cruzamentos de veios d'água e falhas geológicas do solo onde ela está inserida. Sem falar de gotejamentos de torneiras, vazamentos ou escassez de água, curtos-circuitos, tomadas, interruptores e/ou lâmpadas queimadas, emaranhados de fios expostos, presença de bagunça, acúmulos, sujeira ou até mesmo pragas. Você não precisa de muitos móveis e objetos de decoração. Basta que seu espaço seja e esteja bem-acabado.

Para isso, teto, paredes, pisos e aberturas como janelas e portas devem ser minuciosamente observados. Para estar atualizado, você não precisa de sancas de gesso, molduras de parede, rodapés altos ou rebuscados, muito menos de lambril ou *boiserie*, nem de uma infinidade de revestimentos espalhados, tal qual um showroom de materiais de construção. O óbvio deve ser dito. Aliás, aprendi que o óbvio só é óbvio aos olhos treinados.

Se você busca felicidade e bem-estar, ampliar sua qualidade de vida e seus relacionamentos e ter mais prosperidade, faça um favor a si mesmo: cuide do seu ambiente com muito esmero. Você não precisa escolher na cartela de tinta a cor "eleita a tendência do ano", mas, sim ter as paredes bem desempenadas, masseadas e com boas demãos de tinta acrílica branca fosca, o que transmite pureza e leveza. Não estou falando de um ambiente estéril e asséptico, e sim de um cenário preparado para receber os resultados da performance que vai compor as próximas cenas da sua história, abrigando suas memórias, armazenando seus sonhos, oferecendo descanso, reflexão, nutrição, autocuidado, lazer e produtividade. Esse local pode

Capítulo 6: B.EM & BELEZA

espelhar a vida que deseja, se você cuidar dele e se comprometer com ele.

Com base nessa aura delineada "entre as quatro paredes" bem-acabadas e envoltas da sua casa, decore-a com mobiliário, sem pressa em montá-la de imediato; afinal, a nossa vida é uma jornada. Então, a longo prazo, priorize a compra de um bom design, que acompanhará sua jornada e poderá, inclusive, estar com você em futuras mudanças de casas. Para ser assertivo e terapêutico, serão primordiais a forma-função-estética e os materiais, de preferência naturais, como pedras, madeiras, cimentícios, linhos, algodões etc. Falarei mais sobre esse assunto durante o passo R.ecursos naturais, no capítulo 8.

Além disso, para a beleza de fato se concretizar na casa-ambiente, é importante seguir uma hierarquia na ordem da distribuição de alguns cômodos e da disposição do mobiliário. Isso facilita a organização das relações familiares, gerando conexão e equilíbrio.

A porta de entrada sempre deverá ser mantida limpa e desobstruída de qualquer elemento que bloqueie o acesso de energia. A presença de um espelho próximo ao hall de entrada pode ser interessante, pois, assim, todas as energias ali emanadas pelas pessoas que acessam a sua casa serão devolvidas a elas. Priorize o assento das cadeiras da cabeceira das mesas dispostas nas áreas sociais da casa, como salas de estar e jantar, mantendo-os o mais distante de qualquer porta de entrada e circulação. Trate-os como o lugar mais nobre, destinado ao(à) chefe da família. Trata-se da representatividade *Yang*. A esquerda desse lugar de honra é dada à(ao) esposa(o), *Yin*; à direita senta-se o(a) filho(a) primogênito(a). Os demais irmãos e membros da família e amigos vão acompanhando a dinâmica dessa composição. É de fato importante seguir essa configuração.

CASA COMIGO?

No caso do sofá, o assento do(a) chefe de família também deve ser privilegiado, sendo novamente o mais distante da circulação, de preferência encostado a uma parede. As regras de posicionamento e local ideal para dormir também são necessárias. A cama deve estar encostada numa parede. Dê preferência a camas com cabeceira e que sejam de madeira ou tecido, evitando aquelas feitas de ferro. Além disso, não devem estar posicionadas de costas para a porta de entrada do dormitório nem dividir a mesma parede pela qual passe alguma tubulação de esgoto na altura da cabeça e direção do casal. Veja os exemplos a seguir:

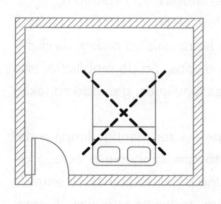
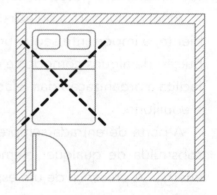
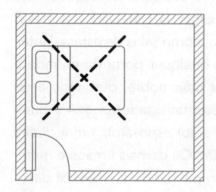
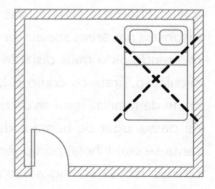

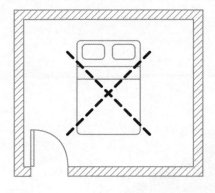 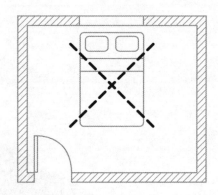

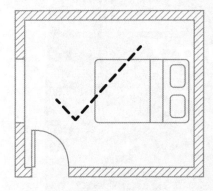 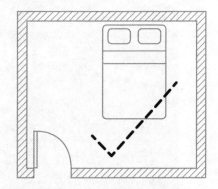

Tranquilize-se, cada casa é um caso. No entanto, é possível aprender, aplicar e colher os benefícios de melhores relações após simples adaptações no ambiente, as quais gerarão mudanças no comportamento e na dinâmica da família à mesa, nas áreas de lazer e descanso, tornando sua casa digna de ser vivida. Por meio da beleza e da estética com harmonia, adquira essa atmosfera intimista e equilibrada.

Diz-me onde moras e te direi quem és.

Capítulo 7

ORDEM & HARMONIA

Na bandeira do Brasil, há uma mensagem magnífica: "Ordem e progresso".

Acredito que ordem é progresso, é harmonia; é o início para a verdadeira prosperidade. É preciso eliminar o caos, a desordem, a bagunça, a estagnação, a falta de vida e energia para abrir caminhos a uma vida harmônica.

A ordem se faz necessária desde o Universo, a Natureza, os animais, as plantas, a sociedade, o nosso organismo, a nossa existência. Todos funcionam dentro de regras, padrões, protocolos. Para de fato existirmos e evoluirmos, necessitamos de uma ordem primordial a fim de que exista harmonia.

A harmonia é a ordem sob uma hierarquia de valores e princípios. Trata-se da sinergia entre a estética e a proporção; é a relação entre o equilíbrio e a beleza. Assim sendo, é o alinhamento da ordem com o belo.

Quero ressaltar: o desejo de se obter a harmonia é o melhor caminho para a felicidade.

Sou uma grande divulgadora da necessidade de se alcançar harmonia na vida, e minha especialidade é adquiri-la por meio da relação singular entre pessoas e ambientes. Claro que ser artista e arquiteta garantem a mim muitas das competências

para isso. A missão do arquiteto é pautada na forma-função-
-técnica, e eu ainda adicionei aos meus conhecimentos cogni-
ção sensorial e espiritualista, além de diversas técnicas de harmonização, para atuar nos espaços e proporcionar ambientes
singulares com poesia, arte e harmonia, com o objetivo de ilu-
minar sonhos e proporcionar felicidade a todos que participam
do processo. Não confunda uma casa bonita com uma casa
equilibrada. Um ambiente bonito e arrumado não é necessa-
riamente harmônico. Em uma análise vemos além da estética
e da organização, percebemos diversas camadas e dimensões
que interagem e se relacionam de maneira intrínseca com os
habitantes daquele local.

A harmonia transcende os espaços e tem a capacidade de
nos reconectar ao Universo por meio da ordem, da beleza e
do equilíbrio; coloca-nos em consonância e ressonância com o
Cosmos, deixando-nos uno a Ele, ensinando-nos a contemplar
atentamente a Natureza, nosso grande exemplo e base. Ao
dedicar-nos a observá-la, compreenderemos mais sobre essa
sintonia com o Todo, e este é o início da cura.

Além da arquitetura, portanto, aprofundei-me nos estudos
de astrologia, geometria sagrada, história da arte, paisagismo, jardinagem, medicina tradicional chinesa, gemoterapia,
espiritualidade, filosofia, arte, pintura, fotografia, numerolo-
gia, organização emocional e física, *personal organizer*, terapias, ferramentas de autoconhecimento e Programação Neurolinguística (PNL). Saber que estou apta e capacitada cada
vez mais a compreender as diversas esferas da vida dos meus
clientes por meio do seu ambiente e as formas de proporcionar harmonia para eles, para minha família e para minha vida
me incentiva. Busco por um estudo vivo e constante, alinhado
à minha filosofia de vida.

Capítulo 7: O.RDEM & HARMONIA

Com todo esse conhecimento, consegui proporcionar aos meus clientes harmonia por meio de melhores relações afetivas e familiares, qualidade de vida e autoconhecimento. Por isso, sinto um misto de dever e prazer em apresentar a você um caminho com mais leveza, harmonia e abundantemente mais próspero para se obter a verdadeira felicidade.

VAMOS COMEÇAR A COLOCAR ORDEM POR AÍ?

Que tal iniciarmos pela organização dos ambientes? Vou descrever o melhor passo a passo que traduzi de diversas técnicas testadas.

Antes de começar, não posso deixar de mencionar minha afeição e admiração pelo método KonMari. Meu grande processo de cura após a depressão teve início com o destralhe da acumulação e do empilhamento de sentimentos, medos e aflições que se traduziram em pilhas de móveis, roupas, objetos, papéis e coisas em excesso. Gosto de incentivar e falar sobre a importância desse assunto, estimulando o início da recuperação por meio do desejo e das intenções corretas. Estabeleça um objetivo do que pretende atingir com essa organização. Organize sua casa, e estará organizando as suas emoções.

Quero provocar um desejo incrível e arrebatador o suficiente para que você tenha o impulso de colocar um marcador nesta página do livro a fim de iniciar uma revolução em seu guarda-roupa, em sua mesa de cabeceira, em seu quarto, em sua casa, em sua bolsa e/ou carteira, em sua mesa de trabalho, em seus arquivos, maleiros, baús ou despensas, gavetas, prateleiras e estantes, armários da cozinha e banheiros, garagens. Apenas retornem a leitura depois se conseguir lidar

CASA COMIGO?

com esses depósitos de emoções materializados em sua casa e em seu trabalho.

Coloque em ordem também seus objetivos e desejos. Que tal escrevê-los a lápis ou lapiseira – é importante que seja com grafite, o poder do mineral – numa folha de papel virgem? O ato de escrever é uma forma de materializar seus pensamentos, é o início de uma nova e transformadora fase. Nesses últimos anos, meu mentor sempre frisou que as coisas acontecem duas vezes, a primeira em nossa mente. O ato de escrever começa a concretizar parte dessas metas, é o prelúdio para a estratégia da ação, para o movimento em direção ao alvo muito bem setado.

Para dar início ao processo de ordem na sua casa, sugiro um exercício de visualização, ainda sem tocar em nada. Apenas passe por cada cômodo, revisite cada canto, cada tarefa do seu dia, cada armário que abre. O que tem dentro deles? O que diariamente você usa? Do fundo do seu coração, o que gosta que haja neles, que o conecta aos seus desejos, conquistas e lembranças e que só você sabe que existe? O que você possui que o conecta à pessoa que você quer ser? Podem ser livros ou roupas que gostaria de voltar a usar. Quais desses objetos você sente que estão em excesso, sobrecarregando-o, cansando, exaurindo, sugando suas forças? Não desista do processo, continue movendo-se, ainda em pensamento, por cada espaço, cada detalhe.

Analise os mobiliários que podem ser eliminados, mas também aqueles que consegue ressignificar, dos quais obtém novas e inusitadas funções ou novos usos sem investimentos necessários – desde um gaveteiro, uma panela, até uma simples caixa ou bandeja –, os quais, se migrar de lugar, ganham uma nova utilidade e destaque. Essas pequenas mudanças podem representar a nossa flexibilidade de muitas vezes nos moldarmos a

Capítulo 7: O.RDEM & HARMONIA

novas necessidades e situações, nos preparam para novos desafios, nos encorajam a agir em busca de uma melhor versão. São maneiras diferentes de experimentar mais do mesmo, novas percepções, qualidades a serem ressaltadas. Lapidamos o nosso olhar e conseguimos alterar padrões que aparentemente estão escassos, exauridos, enfraquecidos em nossa personalidade e parecem não nos servir mais, ou chegam a parecer um defeito por falta de prática, despertando qualidades adormecidas.

Quantas habilidades e talentos deixamos de lado com o passar do tempo por causa desse terrível hábito de alimentarmos inseguranças? No nosso dia a dia, existem mais palavras negativas do que positivas, mas dentro de nós não podemos deixar que isso aconteça.[28] Quantos de nós seguimos achando que não somos disciplinados, que não temos foco, que não somos competentes ou bons o suficiente? Perdemos a confiança, a coragem, o entusiasmo, a esperança, a nossa energia.

Culpamos nossos pais porque, num determinado momento, passamos a ouvir que os problemas têm origem em nossa infância, nas pessoas com as quais nos relacionamos, na família, em professores, mestres, amigos, colegas de profissão, trabalho, clientes... É mais fácil terceirizar a culpa de nossas frustrações, tristezas, mágoas e desgostos. Culpamos o marido desatencioso, ou o pai que só trabalha, ou a mãe ausente, ou a família desequilibrada, ou o chefe austero, ou o filho egoísta, ou os colegas que não agem em favor da empresa, ou os amigos que se afastam. São tantas as situações em que responsabilizamos quem está a nossa volta, questionamos nossa própria

[28] TIERNEY, J. Por que usamos mais palavras positivas? Estudo explica. UOL, mar. 2015. https://www.uol.com.br/universa/noticias/redacao/2015/03/03/por-que-usamos-mais-palavras-positivas-estudo-explica.htm. Disponível em: 2 ju. 2022.

fé e baixamos o nosso nível vibracional, que não desenvolvemos a espiritualidade e a arte, não exercitamos a gratidão, não manifestamos o servir à nossa volta, à sociedade, à casa, à família, aos amigos, aos vizinhos. Vivemos como inimigos, não cumprimentamos pessoas na rua, no elevador, não sorrimos mais a porteiros, vendedores, desconhecidos. Onde estão a nossa bondade e a nossa cortesia?

Está na hora de assumirmos a responsabilidade por nossos atos e por nós! A autorresponsabilidade, palavra capaz de mover montanhas em nosso interior. Precisamos entender que somos responsáveis pelo que pensamos, sentimos e agimos, e que tudo o que acontece à nossa volta é reflexo dessas ações, pensamentos, sentimentos. Atraímos o que vibramos. As leis da atração e da ação e reação são algumas das Leis do Universo inerentes à nossa vontade, portanto a solução está em unicamente mudarmos a nós mesmos. Não podemos mudar o outro, mas, se nos permitirmos sermos mais flexíveis, compreensivos, otimistas, sorridentes, essa harmonia atrairá cada vez mais uma vida de acordo com nossas regras e convicções. Seja cada vez mais assertivo em suas escolhas, menos invasivo na vida do outro, mais consciente e feliz.

Após essa viagem mental e astral no exercício de visualização, separe um bloco de notas para registrar as mudanças de mobílias e objetos de lugar. Escrever e reservar, como vimos, contribui para a eficácia dessa operação.

A seguir, ofereço ao leitor o acesso a uma das minhas bibliotecas pessoais de referências visuais. São inspirações, insights, soluções inusitadas, uma fonte abundante de imagens que preparei para ajudar você na projeção mental nesse projeto visual do que deseja e pode fazer no seu espaço. Vamos curtir a jornada do ponto A ao ponto B. Quanto mais puder sentir a nitidez desse processo criativo a ser explorado com o uso dos sentidos, mais fácil será atrair e agir para concretizar essa conquista.

COMO SABER SE TENHO COISAS DEMAIS?[29]

O que caracteriza alguém que possui coisas em excesso? Ter aquilo de que gosta, mas não usa. Guardar o que não usa porque acha que terá utilidade algum dia. Manter objetos sem um lugar específico para eles ou juntá-los num mesmo local. Amontoar muito em espaços pequenos. Deixar coisas inacabadas, quebradas e sujas. Depois de perceber isso no seu processo de visualização, o próximo passo é partir para a ação física.

Importante e melhor se puder iniciar a organização de manhã, com a luz do dia, mantendo as janelas abertas, sem tempo determinado para terminar, o que interrompe o foco e a concentração. Comece obrigatoriamente pelo próprio dormitório, pelo seu guarda-roupa. Por que o guarda-roupa? Porque é o espaço com o qual temos mais familiaridade, e com as roupas

---

[29] GODINHO, T. **Casa organizada**: a arte da organização para transformar a casa e a rotina de quem não tem tempo. São Paulo: Gente, 2016.

CASA COMIGO?

conseguimos treinar o desapego, portanto o melhor lugar para abrir condições para o destralhe.

Uma boa estratégia para esse momento é remover todas as peças de roupa de dentro de armários e sair em busca daquelas que podem estar espalhadas pela casa, na lavanderia, área de serviço, em bolsas de ginástica, chapelaria etc. Reúna-as em um só lugar, por exemplo, em cima da sua cama. Isso promoverá um choque de realidade, permitindo perceber, ao observar esse grande volume, o acúmulo e o quanto de roupas possui (aprendi isso com Marie Kondo). Esse choque o levará a uma importante e significativa mudança.

Junte todas aquelas penduradas em cabides, armazenadas em gavetas, prateleiras, nichos e maleiros. Camisas, camisetas, blusas, blusinhas, blazers, casacos, vestidos, moletons, jeans, calças, bermudas, shorts, roupas íntimas, meias, luvas – nada, absolutamente nada pode ficar de fora. Permita-se fazer isso ao menos uma vez na vida. Nada de uma porta de armário ou gaveta por vez, pois assim não é possível obter os mesmos resultados. E também não delegue essa tarefa a ninguém; se fizer isso, também está delegando sua vida a outra pessoa.

Tenha uma caixa grande e vazia ou sacos escuros para a operação de descarte e elimine da sua visão novos julgamentos, apegos e repescagens. Mantenha o foco.

Inicie pelas roupas que se aproximam do coração e o tocam, como camisas, camisetas, blusas etc. Pegue cada peça na mão e tente entender que tipo de reação ela produz. Pergunte-se: "Isso me traz alegria?". Atenção, dúvidas como "talvez" significam não; "não sei" é não. Apenas o "sim" é uma certeza.

Devem ser descartadas (doadas, vendidas) roupas que já lhe serviram um dia, e que hoje você acredita que um dia voltarão a servir. Além de alimentarem mais frustrações, essas peças

Capítulo 7: O.RDEM & HARMONIA

mantêm energias estagnadas em seu guarda-roupa, que poderia ser um espaço mais harmônico à sua situação, mais vazio, generoso e objetivo, porque você economizará tempo com a filosofia do "menos é mais".

As pessoas, em sua maioria, usam cerca de 20% de suas roupas durante 80% do tempo. Todos nós conseguimos 80% de nossos resultados com 20% de nossos esforços. Esse é o princípio de Pareto. De modo semelhante, 80% do que usamos corresponde a 20% do que temos. Se em um próximo momento voltar a reorganizar o seu guarda-roupa, experimente separar 20% que mais gosta de usar e 80% que está ocupando espaço; assim, ficará fácil descartar o excedente com precisão.[30] O estudo referido mostra que podemos eliminar excessos, trazer ordem de forma mais eficaz, nos manter na leveza e economizar mais tempo no futuro, pois quanto mais coisas temos, de mais energia e tempo precisamos para usar esses objetos.

Depois que concluir o processo com todas as roupas, faça o mesmo com os sapatos, bolsas e acessórios. Sei que muitos itens afetivos são armazenados nesses mesmos armários, mas deixe-os para depois. Siga essa ordem, ela é milagrosa.

A limpeza também deve fazer parte do processo para essa harmonia ficar completa. Minha sugestão é: quando remover tudo, faça uma breve pausa para limpar o interior dos armários – deixe o cômodo, o ambiente, para depois, para não perder o foco.

É importante rever cuidadosamente cada peça que vai ficar, e se há entre elas alguma suja, manchada, mofada ou que necessite reparo. Não devolva ao armário em que está buscando

---

[30] KINGSTON, Karen. **Arrume a sua bagunça e transforme a sua vida**. São Paulo: Pensamento. p. 87-88.

CASA COMIGO?

mais equilíbrio por meio da harmonização excessos, sujeiras, desordem, itens quebrados, que necessitam de limpeza, reparo e polimento. No entanto, tenha muita atenção ao que deseja enviar para o conserto. Muitas vezes, o fazemos como desculpa para evitar o descarte e, na maioria das vezes, é só o apego sendo mascarado. A menos que a roupa tenha acabado de necessitar de um pequeno reparo e enviá-la para a costureira seja uma tentativa de colocá-la mais uma vez em uso, isso pode fazer você desperdiçar tempo, dinheiro e espaço.

Você pode achar que eu estou sendo má ou exagerada, mas já passei por isso. Enviei à costureira, para que ela trocasse o elástico, reformasse a cintura e refizesse a barra de roupas já "gastas e cansadas" e, pior, que já não faziam mais sentido para mim. Quando voltaram, eu não as usei. Foi apenas um capricho para manter meus velhos apegos. Conclusão: doei na arrumação seguinte. Gastei tempo, dinheiro e espaço desnecessariamente.

Permita-se, durante o processo, um olhar mais severo e crítico. Anote necessidades como: pintura em paredes ou portas de armários; limpeza de ferragens, trilhos, acessórios, batentes, guarnições, maçanetas e puxadores; troca de lâmpadas e luminárias; polimento de pisos e rodapés; lavagem de cortinas e persianas, vidros ou espelhos. Nada pode passar despercebido nesse *scanner* visual em plena função. Agora é o momento. Normalmente, em nossas limpezas rotineiras, temos o hábito de fazer sempre mais do mesmo, como diz a expressão: "limpar o caminho do padre".

Se você se sentir exaurido, reflita se está muito apegado ou se o ambiente precisa dessa limpeza. Um bom incenso com sal grosso e arruda, uma defumação com ervas (como a sálvia branca ou o palo santo) são poderosíssimos para dissipar essas ener-

Capítulo 7: O.RDEM & HARMONIA

gias nocivas. Sprays de ambiente que contenham mandarim, laranja, limão e canela, após a limpeza, são muito bem-vindos para mudar o padrão vibratório do lugar, trazendo uma sensação de refrescância, bem-estar, alegria e entusiasmo.

Apesar de representar apenas 3,5% da nossa percepção no mundo, o olfato é o mais poderoso sentido,[31] capaz de trazer à tona lembranças, sentimentos e momentos por meio do sistema límbico. Esse sentido, quando explorado num ambiente, pode acrescentar personalidade aos ambientes ou mesmo promover curas energéticas. Quando adentramos um local, podemos perceber detalhes de limpeza, higienização, mofo, umidade por meio do nosso olfato, bem como se existe algo estragado ou apetitoso para comer, e se alguém se aproxima de nós.

O escritor alemão Patrick Süskind, em seu livro O perfume,[32] escreve sobre os cheiros. As pessoas podem fechar os olhos diante da grandeza, do assustador, da beleza; podem tapar os ouvidos perante a melodia ou palavras sedutoras; mas não podem escapar do aroma, irmão da respiração. Ninguém pode fugir dele caso queira viver. Ele penetra em nós e segue para o coração, que o distingue entre atração e menosprezo, nojo e prazer, amor e ódio. Quem domina os odores domina o coração das pessoas. Ou seja, desde que estejamos vivos, estamos expostos às percepções do nosso olfato e às lembranças que ele traz.

---

[31] CHIMELLO, G. Como os cheiros podem influenciar na casa? **O Globo – Casa Vogue**, 24 fev. 2018. Disponível em: https://casavogue.globo.com/Interiores/Ambientes/noticia/2018/02/como-os-cheiros-podem-influenciar-na-casa.html. Acesso em: 18 jun. 2022.

[32] SÜSKIND, P. **O perfume**: a história de um assassino. Rio de Janeiro: BestSeller, 2008.

CASA COMIGO?

Mais uma forma de deixar o processo mais leve é usar roupas claras, confortáveis, flexíveis; não vista preto, principalmente na parte de cima, pois você vai acabar absorvendo grande parte dessas energias, o que não o auxiliará em nada nesse momento.

Beber muita água durante a aplicação dessa técnica também contribui para fluir com mais facilidade e manter o foco; afinal, como já dito, aproximadamente 70% de nosso corpo é composto de água. Água é fluidez, é vida, é profundidade, então manter-se hidratado promove o estado de "Flow. A satisfação humana está no processo de trazer ordem e controle para nossas vidas."[33]

Se ainda assim sentir que essa tarefa é muito densa e difícil, ouça músicas de alto nível que alterem o padrão vibratório do lugar; as clássicas, por exemplo, têm grande poder. Você pode utilizar a *playlist* que disponibilizei antes. Também sou defensora das músicas âncoras, aquelas que lhe permitem reviver emoções e sensações de alegria, entusiasmo, paixão e conquistas, que o conectam rapidamente a esse sentimento, ajudando a alcançar um melhor desempenho. Mas atenção: essas músicas não podem estar relacionadas a momentos tristes do passado e que o façam retroceder.

Esse tempo é só seu. A missão deste livro é obter um caminho de reconexão consigo para reencontrar o equilíbrio, e as ferramentas devem levá-lo a se conhecer, a se transformar, a transbordar sua essência e a alcançar a verdadeira felicidade.

Depois do guarda-roupa, passe pelo restante da mobília do quarto, vá aos itens de banheiro e cozinha, despensas, depósi-

---

[33] MIHALY Csikszentmihalyi: estado de flow (fluxo) como elemento de realização e alta performance. **Arata Academy**, [s. d.]. Disponível em: https://www. arataacademy.com/port/coaching/mihaly-csikszentmihalyi-estado-de-flow-fluxo-como-elemento-de-realizacao-e-alta-performance/. Acesso em: 2 jun. 2022.

Capítulo 7: O.RDEM & HARMONIA

tos e garagem. Nada pode passar batido. Você precisa revisitar tudo: de remédios a alimentos; de maquiagens a produtos de *skincare*; da rouparia de cama, mesa e banho à despensa; de louceiros a materiais de limpeza e ferramentas.

O mais importante é a categorização, unir objetos de mesmo uso, para ajudá-lo a perceber quanto do mesmo você tem, quais são os excessos. Um exemplo: coloque em cima de uma mesma superfície, mesa ou bancada todos os copos que você tem – inclua taças, recipientes, moringas que podem estar espalhados pela casa, desde a cozinha, até banheiros e áreas gourmet. Percorra todos os cômodos. É uma loucura adquirir essa percepção! Normalmente, não temos os mesmos objetos armazenados e agrupados num só lugar. Para conseguir fazer o destralhe, agrupe-os por função.

> **Lembre-se de olhar validades, excessos, os lugares de cada objeto e uso e, o mais importante, se de fato fazem sentido agora ou se são apegos ao passado. Podem já ter tido importância, mas não o conectam com o que você é hoje ou com quem deseja ser.**

Pense por que cada batom, creme ou remédio está em seus armários, nos alimentos que armazena, nos produtos que escolhe consumir ou acumular. Chegou o momento de fazer escolhas, não perca o foco. E, se precisar de um novo impulso, faça o exercício de analisar o que de fato usa constantemente e como pode otimizar a sua vida. Não estou dizendo para não colecionar itens, porém reflita até que ponto e quais devem ser colecionados.

CASA COMIGO?

Reforço: os objetos precisam ser utilizados! Nada de guardar faqueiros, louças, toalhas, panelas, travessas, taças, jarras, vasos ou qualquer item que não seja utilizado constantemente. Sabe aquela história de deixar itens para "ocasiões especiais"? Nada é mais especial do que o momento presente. Se não for você, quem será? Se não for agora, quando será?

Lembre-se: você quer e merece ser feliz. Então, por que não incluir o autocuidado de uma refeição bem-posta, numa mesa bem-vestida e apresentada? Você pode exercitar a arte neste pequeno ritual diário. Não queremos apenas sobreviver, mas ser mais plenos e felizes.

Se você ainda não conferiu minha biblioteca visual para a qual deixei o acesso como inspiração para a decoração de objetos e móveis, veja a seção de mesas bem-vestidas e decoradas para incentivá-lo a se alimentar em meio à beleza. Use este livro como seu manual de harmonização e desperte seu olhar para a Arte, conectando seus sentidos para viver uma vida que faça sentido. O verdadeiro estado da Arte nos traz completude, uma sensação de fazer parte do Todo de uma maneira muito gratificante e bela.

Aponte a câmera do seu celular para o QR code ao lado e acesse o conteúdo

O segredo da boa sorte está em purificar mente-corpo-espírito, em adquirir vivacidade, alegria e entusiasmo, dando

Capítulo 7: O.RDEM & HARMONIA

sentido à direção das nossas ações. Promova a harmonia e a atenção às proporções, elimine os excessos, valorize o essencial, foque o que você quer se tornar. Faça da sua morada (alma e casa) o reflexo dessas intenções. Sucesso é a harmonia entre intenção, fé e dedicação.

E seguimos.

Deduzo que já tenha limpado internamente cada porta, armário ou objeto a que se propôs, além de eliminar os desgastados, excessivos e sem sentido. Depois dessa grande arrumação que envolveu todos os cômodos, vamos aos livros.

Tenho certeza de que eles não estão apenas em uma estante, pois livros manuseados e lidos costumam estar espalhados pela casa. O fato é que todos os objetos precisam ter a sua "casinha", o seu próprio abrigo, pois assim uma organização se mantém. Isso não significa que eles tenham de estar enclausurados numa estante; pelo contrário, apenas determine e estabeleça uma conexão com o local onde estarão inseridos. E toda vez que os manusear, devolva-os onde os encontrou. Você agirá avidamente em deslocamento no seu ambiente, e aproveitará o uso dele, sem desperdiçar tempo, e manterá a organização e a energia da sua casa fluindo. Assim, o *Chi* também circulará em abundância e livre pelo ambiente de maneira equilibrada e sinuosa.

Seguindo a técnica anterior, agrupe-os, segure um a um, entendendo o que ainda quer manter ou pretende reler. Seus livros representam suas ideias e crenças, então, quando os guarda em excesso e não os revisita, você enrijece seu modo de ser, seguindo a correlação direta dos livros estáticos empoeirados numa estante sem uso. O conhecimento adquirido está em você. Mantenha, contudo, aqueles que pretende reler, admirar e vislumbrar constantemente, inclusive os que fazem parte da decoração da casa, exibidos pela cor, forma, ou que

CASA COMIGO?

ergam bandeiras de valores e princípios que se assemelham e se fundem ao seu caráter, proporcionando alegria, distribuídos por mesas de centro, escritórios, varandas-gourmet, estantes de *home theater*, banheiros e cozinha.

No entanto, dê um novo destino aos livros que não revisita há tempos, que ocupam espaço físico em sua vida, ligando-o a alguém que já não anseia mais por reviver, conflitando com a pessoa que está em consonância com o seu eu do futuro. O ato de se desfazer deles é uma forma de se mostrar aberto a novos conhecimentos. Doe-os a bibliotecas ou sebos, presenteie amigos. Nesse momento, entenda que esses livros cumpriram a sua missão, mesmo que você não os tenha lido, pois podem ter sido adquiridos num momento importante para você.

Eu sei que, para muitas pessoas (e me incluo nessa lista), essa não é uma situação tão simples, mas alguém precisa inspirá-lo a agir assim. Procure honrar o conhecimento adquirido. Por exemplo, eu, muito apegada aos meus livros de Arte e Arquitetura que não revisitava havia anos, mas que apenas gostava de ter comigo (alimentava meu ego), fiz uma doação à biblioteca da minha faculdade. Foi um ato altruísta dividi-los com aqueles que não tiveram a oportunidade de comprá-los, e ainda posso apreciá-los se um dia eu quiser. Trata-se de uma experiência de contribuição, de servir, de virtude. Eu soube ficar com os que considerei mais importantes no quesito releitura, ou que tenho o prazer de revisitar e olhar, sem a necessidade de me exibir para os outros e de mostrar quantos livros da área eu já conquistei.

Faça uma lista dos seus livros favoritos e abra espaço para mais conhecimento. Depois dessa deliciosa viagem no tempo, rememorando histórias que enriquecem o repertório criativo, lúdico, imaginário, fontes provedoras de tanto conhecimento, você estará apto a iniciar a ordem nos papéis.

Atualmente, parece mais difícil colecionar papéis, com exceção de documentos, contas e uma infinidades de cadernos, agendas, pastas, arquivos acumulado em gavetas, mas que precisamos de fato guardar e que absorvem a nossa energia vital. Não esqueça também que precisará organizar, em algum momento depois dessa infinidade física, os "documentos e papéis virtuais". Afinal, hoje há tanto ou mais papéis armazenados nesse esconderijo denominado nuvem. Não é para usar a frase de Saint-Exupéry como desculpa e dizer que: "O essencial é invisível aos olhos". Nesse caso, o nosso olhar está ficando carregado.

O mundo virtual está cada vez mais repleto de arquivos, pastas, anotações, contatos, fotos, vídeos, informações, problemas e contas. Devemos, portanto, passar rigorosamente e sem exceção por essas áreas tecnológicas, sem nos esquecer de rever cabos, fios, adaptadores, conexões, telefones, celulares, relógios, baterias que se multiplicam a cada dia e enchem gavetas, caixas, prateleiras, bolsas e afins, num emaranhado infinito. São a tradução dos nossos pensamentos e anseios mais confusos e complexos.

A ORDEM E A HARMONIA
NA CASA-CORPO

Assim como eliminamos os excessos em nossa casa-ambiente, temos de fazer o mesmo com a nossa casa-corpo. Elimine os quilos extras em excesso, esvazie seu corpo de memórias ruins, priorize sua saúde. A ordem da casa pode ajudar neste momento, por exemplo, ao deixar suas roupas de ginástica em fácil acesso a ponto de não se distrair ou criar "desculpas" – elimine as interferências para obter sucesso em suas escolhas.

Faça da sua morada (alma e casa) o reflexo dessas intenções.

Capítulo 7: O.RDEM & HARMONIA

Destralhe, desapego, organização e limpeza dos itens referentes a memórias afetivas – fotografias, recordações de viagens, *amenities* de hotéis e presentes que envolvem fortes emoções – representam o momento final de coroação para completar as fases anteriores.

Depois de passar por todo esse processo, dando destino aos objetos e mobílias, desfazendo-se de excessos, repaginando o que se propôs a modificar, a ordem na sua casa-corpo também será alcançada de maneira orgânica. A organização do ambiente refletirá em seu interior.

Não esqueça nunca o objetivo principal que o levou a iniciar, o seu compromisso de intencionalidade: a procura pela harmonia e pela felicidade. A principal busca é enxergar de fato quem é você, bem como sua luz e sombras, sua verdadeira essência – por isso, visamos ao essencialismo nos ambientes. O que preciso ter e que de fato me completa? O que falta para esses espaços ficarem perfeitos e eu me sinta pleno e feliz?

Lembre-se daquela máxima: somos fruto do meio em que vivemos. Somos a média das pessoas com que convivemos. Que esse ambiente possa ser um catalisador de energias que gerem o resultado que tanto almeja.

Nessa etapa, eu sugeri que você começasse pela sua casa para depois cuidar do seu templo, o seu corpo. Aqui, a ordem e a harmonia o ajudarão a realizar seu planejamento de vida, a organizar rotinas e protocolos junto às suas metas anuais, mensais e semanais, estipular prazos e metodologias.

E se você está desconectado e sem planejamento, inicie o processo por um esboço e registre qual é a sua rotina diária. Não ignore nada, até se você escova os dentes ao acordar ou após o café da manhã. Tudo exatamente como é. Seja o seu próprio detetive. Zele por seu sucesso. Reflita a respeito das janelas ou da redistribuição do tempo em que cada tarefa está sendo executada.

Não podemos acrescentar nada na nossa vida sem que tiremos algo primeiro; afinal, como disse Isaac Newton, "dois corpos não ocupam o mesmo lugar no espaço". Para que perceba a necessidade de adicionar ou excluir hábitos e atividades à sua rotina, recomendo que você faça uma roda da vida para auxiliar na percepção de como está atualmente cada uma das seguintes macroáreas: saúde física/mental/emocional/espiritual; ambiente; carreira/trabalho; desenvolvimento intelectual; relacionamento conjugal/familiar/amizades; espiritualidade; sonhos, realização/felicidade; financeira; lazer/hobbies; contribuição. Assim, você consegue priorizar e se organizar com eficiência e eficácia.

Com essa roda, é possível perceber com clareza o equilíbrio, ou a falta dele, entre as diferentes áreas da vida que merecem atenção. Faça um balanço item a item. Metrifique para gerar consciência e reconhecer os resultados que estão por vir. O que, dentro dos seus hábitos, você gostaria de mudar? O que sente que é tóxico ou não tem equivalência à pessoa que deseja se tornar?

Além de hábitos, coloque ordem também nas suas companhias. O nosso cérebro é muito mais inclinado ao negativo do que ao positivo.[34] Isso está em nosso DNA desde os tempos remotos para a perpetuação da espécie. Por isso, precisamos criar uma imunidade saudável por meio de nossas relações, avaliando os indivíduos com os quais nos conectamos e as pessoas tóxicas com as quais interagimos todos os dias, presencial ou virtualmente. Revise suas redes sociais. Devemos evitar aqueles que vibram em frequências baixas, que são pessimistas, tóxicos, que drenam a nossa energia ou, como meu mestre dizia, "que nos vampirizam". Pergunte-se: "Existem pessoas à minha volta que estão me distanciando daquele que eu quero me tornar?".

Revise as pessoas, mas aproveite e analise seu bolso. Se está buscando ainda mais prosperidade por meio da sua casa, é importante rever crenças, valores e conceitos sobre o dinheiro que adquiriu ao longo da vida. Importante também é perceber quais áreas estão drenando a sua energia. Como está a sua área financeira? Quais são as suas crenças com relação ao dinheiro?

Cito a seguir algumas crenças limitantes sobre dinheiro que talvez façam sentido para você, mas que precisam ser eliminadas ou revistas:

---

[34] O VIÉS de negatividade segundo a ciência. **A mente é maravilhosa**. Disponível em: https://amenteemaravilhosa.com.br/vies-da-negatividade/. Acesso em: 29 jun. 2022.

CASA COMIGO?

- O dinheiro não traz felicidade;
- Para ser rico, é necessário muito esforço;
- Ter muito dinheiro é uma grande responsabilidade;
- Eu não me sinto suficientemente bom para ganhar tanto dinheiro;
- Ser rico não é para gente como eu;
- Se eu ficar rico algum dia, as pessoas vão querer se aproximar apenas por causa do dinheiro;
- Para eu ter muito dinheiro, alguém ficaria sem ele;
- O dinheiro arrasta um monte de problemas;
- Se eu for bem-sucedida meu marido vai me largar [especialmente para as mulheres];
- Se eu tentar ser rico (obtiver o sucesso) e não conseguir, vou sentir que falhei;
- Não tenho mais tempo de vida para conseguir ficar rico;
- O dinheiro é a fonte de todo o mal;
- Aqueles que têm muito dinheiro são gananciosos;
- A maioria dos que enriquecem conseguem isso fazendo coisas desonestas;
- O dinheiro é sujo;
- Dinheiro não nasce em árvore;
- Eu não sou bom em gerir finanças;
- Ainda não é o momento certo para eu tentar criar o objetivo de ganhar muito dinheiro;
- Ficar rico é uma questão de sorte ou destino;
- Investimento é só para quem tem muito dinheiro;
- Se eu for feliz no amor e tiver saúde, não preciso ser rico;
- As mulheres têm maior dificuldade para ser ricas;
- É preciso ter dinheiro para conseguir ter mais dinheiro;

Capítulo 7: O.RDEM & HARMONIA

- As pessoas deveriam apenas querer ter dinheiro o suficiente para viver de maneira confortável;
- Eu não tenho conhecimento o suficiente para ser rico.

Se você se identificou com algumas dessas crenças, é sinal de que precisa reformulá-las para que não continue a vibrar na escassez e permita que a abundância financeira também faça parte da prosperidade que está buscando. Como aprendemos por repetição, afirmar novas frases desfazendo essas crenças limitantes diariamente contribuirá para que sua mente aos poucos apague padrões antigos e adote a nova realidade.

Se você não está vibrando na escassez, será que há algum sabotador que o faz comprar ou agir por impulso? Será que ainda tem objetivos e metas que não lhe fazem mais sentido?

Capítulo 8

RECURSOS NATURAIS

A Natureza nos ensina que a vida é transitória. Fornece-nos recursos, é provedora, fonte natural e abundante, em consonância completa conosco. Entramos em uma sintonia superior quando temos a oportunidade de entrar em contato com ela. Parar para observar o céu, o Sol, as nuvens, a chuva, as cores do amanhecer, do crepúsculo, a Lua, as estrelas; pisar na grama, escutar os pássaros e seus cantos e encantos; prestar atenção aos ciclos, ao clima, às estações... Estas são algumas maneiras de estarmos no estado de presença, além de conectar-nos com o Todo.

O ritmo da Natureza nos recorda de sintonizar ao nosso ritmo natural, de saber a hora certa para relaxar e produzir. Sentir a luz e o calor do Sol, além de ser saudável e necessário, nos revigora, nos inspira a sermos mais calorosos, mais vibrantes, mais apaixonantes. Pequenas ações para nos conectar à Natureza com intencionalidade trarão uma série de benefícios.

Uma maneira é sentir a magia da terra – cultivar um jardim, uma horta ou mesmo um vaso de plantas –, sentir gratidão pela capacidade provedora de alimentos e do que nos é essencial para produzir o oxigênio que respiramos, observar as cores do solo, as texturas, as rochas e os cristais, odores e aromas das plantas e flores nascendo, desabrochando e sendo renovadas constantemente.

CASA COMIGO?

A Natureza é o nosso grande exemplo, mostrando-nos o que é estar em constante evolução, movimento. Se a observarmos com atenção, poderemos tirar grandes lições e insights do que experienciamos, compreendendo melhor que somos regidos por períodos, ciclos, fases e estações. E isso nos alivia e traz um conhecimento importante para vivermos com mais significado e direção. A Natureza se renova a todo instante em um incansável movimento de expansão e recolhimento. Como somos uma fração dela, vivemos os mesmos processos, e cada parte é necessária para que a próxima venha. Para haver crescimento, multiplicação e regeneração, ora é preciso expandir, ora é necessário recolher. Entenda em que processo da jornada você está e aprenda a semear, cultivar e colher no tempo certo.

Proponha-se pequenos passeios ao campo, às montanhas, à praia, momentos de pura contemplação e reconexão. A felicidade mora nesses pequenos e magníficos estados de envolvimento e cura que a Natureza nos proporciona. São esses recursos, esses escapes, esses gatilhos que precisam ficar claros e evidentes e fazer parte do nosso cotidiano.

Tome banhos de mar, de rio, de cachoeira; reconheça a beleza, a força, a vida, a necessidade da água. O quanto nos inspiram a fluidez, o movimento sinuoso, delicado e forte simultaneamente. Quão feminina, *Yin*, é a água, provedora da vida, necessária a todas as vidas do nosso Planeta.

Procure incluir os cristais no seu dia a dia. Utilizar-se de joias e acessórios que os contenham traz muitos benefícios além da beleza, a depender de suas características, aspectos, cores e regiões. Você pode segurá-los em uma meditação, utilizá-los para proteger a entrada da casa, guardá-los sob seu travesseiro, mantê-los em contato com sua pele em colares, pulseiras, brincos ou anéis. Como gemoterapeuta, faço uso constante deles e indi-

Capítulo 8: RECURSOS NATURAIS

co pedras como forma terapêutica. Os cristais funcionam como captadores e amplificadores de energia, absorvendo energias nocivas e propagando seu poder de emanar energia positiva e proteção; portanto, auxiliam na harmonização.

Mais uma vez, é importante silenciar-se para entender do que precisa no momento ou em que área há de transcender. Se perfaz uma necessidade de cura energética, física ou espiritual, os cristais carregam consigo a energia poderosa do elemento terra, do solo, há milhares de anos, com sedimentos sendo desenvolvidos e apurados. Sua energia de conexão e reconexão com a Natureza são o grande trunfo.

A seguir, apresento alguns exemplos de usos de cristais:

- **Ametista ou quartzo branco** podem ser deixados próximos à cama, na mesa de cabeceira, para favorecer o sono, esse transmutar, e a troca de energias.
- **Turmalina negra** na entrada da casa filtra as energias que ali adentram e as das pessoas que a frequentam. Também pode purificar a água, atenuar ondas eletromagnéticas e ganhar potencial energético. Quando aquecida, ajuda a tratar inveja e mau agouro.
- **Cianita negra e obsidiana** também auxiliam no processo de limpeza e proteção, no amparo do processo evolutivo, pois ajudam a movimentar o que está acomodado, estagnado e não resolvido.
- **Citrino e pirita** podem ser usados próximo à mesa de trabalho. O citrino aguça a atividade e a alegria, facilita a transformação dos eventos da vida, colocando-os em ordem, e fazendo quem o utiliza se livrar do que é supérfluo. Atua como um depurador de toxinas de todo o organismo, deixando-o menos sus-

CASA COMIGO?

cetível a vibrações e influências negativas. Transfere um senso de certeza interior, oferecendo confiança e segurança. A pirita, por sua vez, representa a vitalidade e a vontade, reforça as habilidades, estimula o fluxo de ideias, ajuda na cura física, aumenta a eficiência, reduz a sonolência, diminui a apatia.

- **Hematita** desintegra as energias negativas e cria um escudo de proteção ao redor, fazendo despertar o amor-próprio, fortalecendo a coragem e determinação, além de reduzir a timidez. Também é muito boa para se ter no ambiente de trabalho.

- **Lápis-lazúli, sodalita e selenita** favorecem as práticas espirituais, ótimas para um ambiente sagrado ou para o local de práticas espirituais em casa.

Daria um novo livro escrever sobre os tantos cristais que existem, suas caraterísticas e benefícios, por isso apresentei somente alguns para você experenciar essa incrível ferramenta em sua casa.

Quero enfatizar e reconhecer a importância de tudo o que provém da Natureza. Se estiver sendo usado com consciência em sua casa, no seu devido lugar, propiciará uma cura e uma integração das mais fascinantes com o meio ambiente. Assim sendo, é mais que recomendado o uso de plantas, ervas e flores; cristais; água, desde uma piscina, banheira imersiva, hidro, espelho d'água, fonte, até um simples aquário ou um bom chuveiro para o banho.

Faça uso de objetos com a presença de materiais naturais, como: linhos e algodões em cortinas e assentos de sofás e cadeiras, lençóis e almofadas; lãs em tricôs para mantas e almofadas ou mesmo tapetes; palhas naturais, papéis com fibras e texturas em telas, fotografias e quadros; madeiras de reflores-

Capítulo 8: R.ECURSOS NATURAIS

tamento, seixos, granitos e mármores nos revestimentos. Todos esses materiais têm características únicas que interagem em harmonia com o entorno, remetendo-nos ao contato constante, em trocas benéficas com o meio ambiente. Exalam conforto tátil e visual, fazendo bem aos sentidos e ao sentir.

E não podemos nos esquecer do elemento fogo: fogões, velas, lareiras e incensários. Espaços de queima e combustão da madeira conectam-nos com esse elemento natural poderoso e transmutação como principal função.

Passe algum tempo convivendo com a Natureza e contemple: a transitoriedade da vida, a beleza na luz e na escuridão, os ínfimos detalhes e a vastidão do horizonte, as marcas e os presentes sazonais, a experiência sensorial do clima. O que você observa? Quando realmente ouve, o que isso está lhe dizendo?[35]

Busque observar com atenção os sons, as cores, as texturas, os aromas. Quais plantas e flores estão surgindo, florescendo, murchando? Como ficam seu humor e sua disposição? Vasculhe sua memória e lembre-se de eventos sazonais, tradições ou práticas celebradas em meio à Natureza. Como você poderia trazer à tona um elemento deles e reproduzi-lo mais uma vez?

Essa experiência poderosa nos faz lembrar de que somos parte de algo milagroso, mostrando a magnificência da vida. E, nesse estado profundo de conexão, podemos ter um vislumbre de nós mesmos.

[35] KEMPTON, B. **Wabi Sabi**. Rio de Janeiro: BestSeller, 2018. p. 104.

Capítulo 9

A.RTE

Quem me conhece um pouco sabe da importância da Arte na minha vida e na de meus clientes e amigos, reconhece o quanto eu levanto essa bandeira como ponto essencial para nos desenvolvermos espiritualmente. A Arte enobrece e eleva o caráter do homem.

Tão nobre ser inspirado por ela e conviver com sua beleza, com o que emana e vibra ao nosso sentir. Suas cores, formas, intenções representam, ou deveriam representar, apenas o melhor do ser humano, pois a responsabilidade e a missão do artista para com a Arte é profunda e grandiosa.

Feliz o artista que tem essa consciência e a aplica em sua obra e em sua vida, colocando-a em prática e produzindo obras que exacerbam a beleza, as proporções áureas, os pigmentos das cores que encantam a nossa visão, exalam pulsações e impressões que nos deixam perplexos. É fácil saber quando a Arte nos desperta para sermos melhores.

Quando falo Arte, incluo todas as grandes manifestações artísticas das denominadas sete artes – arquitetura, pintura, escultura, literatura, música, dança, cinema –, além de todas as multiplicidades em que podemos ampliar nosso repertório e vivência com ela. Visite museus, exposições, galerias, mostras, catedrais, igrejas, capelas, templos, cinemas (ou mesmo veja filmes em casa). Assista a espetáculos em teatros, frequente espaços que ofereçam músicas eruditas, clássicas, danças, recitais, musicais e óperas e toda e qualquer manifestação artística de cunho a elevar o padrão da nossa cultura, de representar a beleza para então polir a alma. Leia poesia, filosofia, espiritualidade, literatura, autoconhecimento. Leia para uma criança, criando nela esse hábito tão fabuloso desde cedo.

> A arte nos permite exercitar nossa criatividade, nossa capacidade de pensar. Reflete em nossas ações conscientes e nos permite saciar o nosso desejo e necessidade de evolução, de melhores escolhas, de aproveitar e minimizar desperdícios do nosso mais poderoso ativo: o tempo.

Viaje e conheça novos lugares e culturas, viva a arquitetura em suas histórias, arte, pensamentos, expressões e tecnologias, seja qual for o seu tempo. O quanto é bela a humanidade e sua evolução, sua plenitude, sua capacidade de transformar espaços com poesia, sua busca pela pura beleza arquitetônica, pela organização, pelo belo, por interiores com experiências de contemplação que podem influenciar e polir nossos pensamentos, enobrecer nossos sentimentos e, por consequência, tornar nossas ações cada vez mais assertivas! Como afirmou o autor alemão Goethe: "Arquitetura é música petrificada". Ou, segundo frase comumente atribuída a Leonardo da Vinci: "A lei suprema da arte é a representação do belo".

Capítulo 9: A.RTE

A fotografia, outra forma de expressão artística, dá-nos a capacidade de exercitar e refinar o nosso olhar para captarmos o belo, outro grande afazer ao alcance das nossas mãos. Até mesmo para aguçar a percepção, já que para termos uma bela fotografia precisamos pensar em luz e sombras, proporções, cores, cenários e contextos a emocionar. Ela pode contar uma história ou deixar que o observador a imagine, fantasiando e estimulando sua criatividade, conectando-se a memórias ou incitando desejos.

A fotografia é uma grande ferramenta de captação do ambiente que nos circunda, afinal é capaz de condensar numa pequena área aquilo que se perde na imensidão do olhar. Use a fotografia para entender o contexto em que se encontra o seu ambiente, para registrar características que necessita alterar no espaço. Esta é melhor estratégia para cooperar com o reconhecimento de pontos de melhoria.

Às vezes, ao nos olharmos no espelho temos uma imagem distorcida de nós mesmos, o que também acontece quando visualizamos o nosso ambiente, que nada mais é que um reflexo de nós. E a fotografia, nesse caso, cumpre a função de evidenciar essas falhas e distorções criadas pela nossa mente. Ela revela o momento presente da maneira real, tal qual se apresenta; por isso, tente utilizá-la nesse processo de transformação da sua casa. Faça fotos antes e depois da mágica da arrumação para comparar como a mudança significativa dos objetos impactou o espaço e, por conseguinte, a sua vida.

São muitas as expressões artísticas com as quais podemos interagir. Envolva-se em cursos, com um tempo exclusivamente dedicado à Arte ou a uma habilidade que sinta prazer em praticar. Isso contribui para que aos poucos vá apurando o seu olhar, sofisticando a sua percepção, sua forma de ver e entender as coisas ao seu redor, o que lhe trará clareza e leveza sobre sua vida e os desafios que enfrenta. Trata-se de uma nova ótica para olhar para um problema ou fracasso. E é a arte que ativa seu sexto sentido, expandindo seu espírito para uma atmosfera de mais discernimento, sabedoria e perspicácia. Sua percepção e seus sentidos estarão refinados e mais alinhados.

A escrita, a capacidade de registrar nossas ideias, sentimentos, memórias, vivências, experiências, mensagens, histórias, recados e suplícios, amores e dessabores. A grande conquista da humanidade foi o poder de comunicação, de registro, que permitiu guardar, noticiar, incentivar, alertar, educar, por meio da beleza e das palavras, um verdadeiro legado à História. Escreva mais, tenha diários, agendas, cadernos de metas e objetivos, de gratidão, de manifestação. Faça uso dessa nossa suntuosa capacidade com sabedoria e sem moderação. Registre suas tristezas, mágoas e angústias para não sobrecarregar o coração, o corpo, a mente; depois, livre-se desse registro, queime-o. A Natureza é tão sábia que nos deixou o fogo para consumir e transformar em cinzas, para retornar à terra em forma de adubo o que não vale a pena continuar existindo no nosso planeta, então faça o mesmo.

> Deixe sua melhor versão aflorar do seu interior, lembrando-se de que a Natureza é divina. Libertar-se de padrões vibratórios ruins, negativos e baixos é o caminho para a verdadeira felicidade.

Cursos de desenho, pintura, instrumentos musicais, danças, artesanato, cerâmica, costura, moda, arranjos florais, *ikebana*, jardinagem, são tantas as opções e oportunidades em fazer a arte presente na sua vida com mais significado e intensidade. O simples manuseio de uma flor, escolhendo como arrumá-la em um vaso, aperfeiçoando a sua beleza para que todos a apreciem, trará a Natureza para dentro dos ambientes e purificará as relações com as pessoas, tornando ainda o ambiente favorável, com energias que o beneficiam.

Todos nós temos habilidades e talentos ligados a uma dessas expressões de pura Arte. Totalmente influenciada por minha avó materna, um hábito cultivado em minha família é a técnica da *ikebana* no estilo *Sanguetsu* (arranjos florais poderosos, repletos de intenções), já praticada até mesmo por minha filha.

Inspire-se por alguma das expressões que mencionamos aqui. Comece com um simples traço, uma simples nota, um simples movimento, uma simples frase.

Se eu pudesse lhe deixar uma única mensagem, seria esta: a Arte purifica a alma da casa – das nossas duas casas. Envolva-se com Arte. Esbalde sua alma com Arte. O nosso ambiente e espírito anseiam por Arte. Afixe obras de Arte nas paredes, distribua objetos que ama pela casa, mas apenas aqueles que te trazem alegria e te conectam com quem verdadeiramente é, e se alinham com seu eu do futuro. Essa é uma forma de apreciar e apurar o sentir. Flores naturais frescas em um vaso com água sempre limpa simbolizam o zelo pelo espaço; trata-se de arte, sensibilidade, conquista, uma memória positiva, um carinho aflorado, atenção às sutilezas que fazem os detalhes serem essenciais. Demonstram uma casa viva e sendo vivida.

Uma caixa de marchetaria que você exibe na sua mesa de centro, uma escultura que você arrematou numa feliz viagem e decora sua estante, um espelho antigo cuja moldura você trocou e que reflete seu bom gosto, peças de design, mobiliário

CASA COMIGO?

assinado são itens que contribuem para uma beleza estética que vai além do funcional. Isso tudo enobrece os ambientes da sua casa, simboliza suas vitórias, compõe um olhar requintado que o eleva pela elegância, enaltece e o aproxima do belo.

Como pura inspiração e certeza do bem que vai fazer, recomendo apreciar a verdadeira Arte que eleva por seus movimentos iniciados pela pintura e pela escultura na Arte clássica, passando pelo Renascimento, reverberando no Impressionismo e repousando no Expressionismo.

Aponte a câmera do seu celular para o QR code ao lado e acesse o conteúdo

É a arte que ativa seu sexto sentido, expandindo seu espírito para uma atmosfera de mais discernimento, sabedoria e perspicácia.

Capítulo 10

T.ESÃO & TRABALHO

Uma letra tão marcante no nosso alfabeto, capaz de, apenas com sua representação em caixa-alta, significar rijeza, tesura, força, intensidade e vivo desejo sexual. Pois é, T de tesão.

Em nosso método, quero que você sinta mais tesão, quero que sinta mais intensamente, atue, reflita e viva com mais paixão. Paixão em tudo o que se proponha a fazer. Que suas realizações sejam fruto das paixões, para fazer cada momento valer a pena, viver cada segundo como único, o que de fato é.

Nesse método, porém, esse T vem aliado a outro, o T de trabalho. Com os dois juntos, conseguiremos ser com certeza muito mais felizes.

Passamos grande parte da nossa vida estudando para de fato escolhermos como vamos atuar no mundo, e quase que sua totalidade trabalhando em nossa carreira ou no que ela deveria ser! Se unirmos nossa paixão ao trabalho, sentiremos prazer com ele, e não será um prazer individualista, pois essa energia vai reverberar a todos a quem prestamos serviços, vendemos, servimos ou interagimos, direta ou indiretamente.

Para isso, vale a reflexão: *Estou feliz com meu trabalho? Será que este ofício reforça minhas qualidades, talentos e habilidades? Me faz ser uma pessoa melhor para mim e para os outros ou tem algo que não se encaixa? Se não fosse remunerado por esse trabalho, eu o faria mesmo assim?*

> **Faça essa análise. Definir o que lhe proporciona prazer, paixão, dedicação, para realizar as tarefas como se fossem hobbies, sem nem sentir o tempo passar, o mantém engajado, iluminado, o faz brilhar, exalar essa energia – e isso gera uma atração incrível. As coisas, então, fluem com facilidade.**

Se você já concluiu o passo da O.rdem no método e conquistou harmonia parcial em seu ambiente, pode encontrar ainda mais harmonia ao recordar os seus talentos e trabalhar com um deles ou incorporá-los à sua rotina, para que mesmo os desafios e repetições exaustivas do dia a dia lhe deem satisfações e alimentem a sua alma.

Proponho uma nova pausa para olhar para dentro, voltar à infância. Nas brincadeiras de criança, o que o fazia feliz? O que o envolvia? Com o que você gostava de brincar, mesmo sozinho, sem perceber a hora passar? Com o que sonhava em ser? Quais eram as profissões que chamavam a sua atenção, mesmo sem entender que papéis elas desempenham no mundo adulto? Bombeiro, médico, professor, atriz, modelo, bailarina? Assistia a filmes de super-heróis? Quais eram seus heróis favoritos? Que poderes eles tinham? Que cores eram suas vestimentas? Como eram seus amuletos? Eles usavam capas? Você gostava de fantasias? Quais eram suas favoritas? Você gostava de se transformar? Que desenhos animados e filmes eram os seus favoritos?

Capítulo 10: T.ESÃO & TRABALHO

Se você não se recordar, busque fotos da infância, imagens de viagens, da casa onde morava; procure sinais, converse com sua família. Registre-os. Seu primeiro beijo, seu primeiro amor, seus melhores amigos da infância ainda estão com você? Se não, revisite-os em sua mente se não quiser entrar em contato direto. O que o fez escolhê-los como amigos? Do que eles gostavam em você?

Pergunte sobre seus antepassados, indo além dos seus pais e avós. Como eram suas bisavós e tataravós? Em que trabalhavam? Quais eram os traços mais marcantes de suas personalidades? Pesquise sua ancestralidade. Somos a soma dos nossos antepassados. Se estamos aqui hoje é por causa deles, pela permissão de viver nesse momento de vida. Honre seus pais, agradeça profundamente a sua linhagem. Seja melhor, faça por você e por eles, permita que a linhagem evolua com você, dê o seu melhor, faça-se um junto às pessoas com quem convive, e não apenas aos seus ascendentes, mas sobretudo aos seus descendentes: desenvolva-se. Eles também serão resultado da soma de seus antepassados. Somos o elo dessa corrente, a ponte entre o passado e o futuro.

Recorde-se também do período escolar. Por quais matérias você se interessava? Em quais tinha grande facilidade e tirava as melhores notas? Em quais se sentia muito bem e era elogiado por professores ou em sua casa? O que diziam? Quais eram seus professores preferidos? Quais traços na personalidade deles lhe atraíam?

E, atualmente, quais são suas músicas favoritas? Faça uma relação delas, uma *playlist*. Reviva essa emoção no seu espírito, aflore emoções, recorde boas histórias, pois fazem parte da sua vida, reverberam no seu espírito, enobrecem-no e esclarecem sua essência. Qual é a sua cor favorita? Quais já foram suas cores favoritas? Busque lembrar por períodos, a idade que tinha para cada uma delas, por que e por quanto tempo essas predominâncias de cores estiveram em sua vida com mais frequência. Analise suas preferências e os sentimentos que elas expressavam. Você verá que se associavam diretamente aos momentos que vivia.

Quais são suas frases de valor favoritas? Você precisa sentir essas histórias e passagens para entender seus pontos fortes e fracos, além dos pontos de conexão entre eles e a sua verdade, dando mais clareza sobre a sua essência para se compreender melhor e atingir a plenitude. Sem se conhecer, é impossível encontrar um trabalho satisfatório, atuar nele e ser radiante. Para isso serve a análise do passado, para pescar uma parte da sua essência que foi esquecida, adormecida e moldada pelas escolhas de outras pessoas. É com esse olhar que entenderá o que lhe proporciona tesão, prazer, paixão e emoção por fazer o que faz, ou redescobrirá o que gostaria de voltar a fazer e o que precisa buscar para realizar e/ou criar um novo propósito.

Você não vai se perder, fará uma viagem à pureza de ser criança. Após esses registros e breves passagens, anote o que é a sua missão como ser humano, quais são seus valores e princípios, aqueles com base nos quais você foi criado, os que você adquiriu ao longo da vida adulta, os que permaneceram, os que lapidou ao se tornar pai ou mãe. Seu propósito é fazer o mesmo com seu trabalho; compreender se eles combinam, coincidem, se completam.

Se fosse criar e erguer uma bandeira, para que ela seria? Que palavras haveria, para o que ela serviria, o que a faria defendê-la? Quando retornar dessa viagem astral, emocionante, inocente, verdadeira e pura, estará apto a passar para o próximo nível do método.

Capítulo 10: T.ESÃO & TRABALHO

Na sua casa-ambiente, por sua vez, é essencial olhar para o escritório. Há quem tenha um espaço para o home office, mas existem aqueles que não têm. No entanto, cada vez mais pessoas trabalham de casa. Determinar esse espaço, mesmo que pequeno ou acoplado a uma área social ou íntima, deve levar em consideração a capacidade de planejamento, criatividade e organização para desenvolver as tarefas com produtividade, criatividade e excelência, sem atrapalhar ou interromper a rotina da casa.

A separação do ambiente deve conter estímulos corretos para que seja eficiente e simbiótica. Para tanto, são necessários os seguintes elementos: boa luz, de preferência natural e artificial (iluminação geral de teto e de bancada, principalmente para foco e concentração), ventilação, acústica apropriada (isolar ruídos de conversas, eletrodomésticos e eletroportáteis) e uma ergonomia no mobiliário do home office além da forma e beleza, a fim de compor a integridade estética de sua inserção e interação junto a sua casa.

Simbologias relacionadas ao trabalho devem compor esse espaço, estímulos estes que auxiliam a reforçar sua eficiência. Tenha recordações da identidade profissional, dê importância a uma luz direcionada, uma cadeira realmente anatômica, tapetes e tecidos para o aconchego e auxílio na acústica. De preferência, opte por um cômodo delimitado por paredes com porta(s) e janela(s), objetos com materiais mais nobres e que estejam em harmonia com a sua casa, mesas de madeira, bandejas, gaveteiros, pastas e/ou porta-lápis em couro, palha, laca, acrílico, prata. Tudo vai depender de qual elemento necessita evidenciar e que esteja em harmonia com o restante da decoração.

Não monte seu escritório embaixo de escadas, nem em porões; não posicione sua cadeira debaixo de uma viga apa-

CASA COMIGO?

rente. Se não tiver opção com relação a isso, desça um forro de gesso que encubra a estrutura. Não se sente de costas para a porta de acesso ao cômodo; se puder, desencoste sua mesa da parede, a fim de obter espaço para desenvolver a criatividade à sua frente. Se trabalhar com criação, o pé-direito alto é inspiracional; caso abra um escritório para trabalhar com vendas, o pé-direito mais baixo é assertivo. Jamais armazene arquivos com pastas e documentos acima da sua cabeça. Se o layout permitir o lado de escolha da mesa e precise encostá-la na parede, dê preferência por aproximar o lado esquerdo, deixando o direito liberado para a circulação.

A presença de plantas mais uma vez se faz necessária para ajudar a drenar minimamente ondas eletromagnéticas. Já flores em água sempre limpa, como em um pequeno vaso sobre a sua mesa, são capazes de purificar o ambiente e absorver energias densas do seu local de trabalho. O fundo de tela do computador pode compor seu *vision board*, um quadro dos sonhos para visualizar todas as vezes que estiver na frente da tela. Mesmo que de forma automática, seu subconsciente reagirá a esse estímulo como uma mensagem subliminar e contribuirá para atrair o que você deseja, ou mesmo que reforce "o porquê", funcionando como uma alavanca para buscar o que almeja.

A presença de um cristal sobre sua mesa, como já dito no passo R.ecursos naturais do método, pode servir para proteção, para não dispersar e para auxiliar na busca da prosperidade. Livros e objetos de arte também elevarão o padrão vibratório do local.

Outra dica importante é que os objetos mais altos em relação ao demais existentes em sua mesa, como uma luminária de mesa, uma jarra de água, uma garrafa térmica ou mesmo alguns livros que porventura você queira dispor de forma verticalizada, devem estar do lado esquerdo. É importante seguir essa regra, deixando o lado direito do observador mais suave ao olhar para obedecer a algumas regras importantes do *Feng Shui* e do design de interiores, segundo o qual o peso visual se concentra mais do lado esquerdo, que também figura a representatividade do lado espiritual em relação ao direito (lado material), formando uma composição harmônica em ambos os sentidos.

Sprays ou aromatizadores de ambiente específicos para seu home office, diferente dos utilizados nos demais cômodos da casa, trarão memória olfativa e o impulsionarão a desenvolver o trabalho de forma regular. Cada casa é um caso, mas o alecrim pode ser um belo exemplo, promovendo inspiração e concentração.

Se esse ambiente for designado a mais de uma função, como mencionei no início, o importante é que durante a atividade de trabalho as demais tarefas sejam silenciadas e secundárias. Se seu ambiente interage com uma sala de TV, cuide para que não interfira durante seu expediente. Se esse espaço compuser mais um hobby, aproveite para ficar mais tempo em seu local de trabalho explorando a criatividade e o lazer, mas não se esqueça de evidenciar em blocos de tempo as diferentes funções.

Capítulo 11

O.TIMISMO

"O homem depende do seu pensamento."
(Mokiti Okada)

Poderia encerrar essa etapa do método somente com essa frase da epígrafe. Para mim, ela é a síntese de muito do que eu acredito e aplico, uma das minhas menções favoritas de vida, a mais poderosa, profunda e reflexiva das minhas frases escolhidas. Não dá para ignorar a simplicidade e síntese de algo tão poderoso quanto avaliarmos e aprimorarmos nossos pensamentos.

Este filósofo, Mokiti Okada, conhecido por Meishu-Sama, que significa "Senhor da Luz", é fundador da religião *Izunomê*, de origem oriental, japonesa, e conhecida aqui no Brasil como Igreja Messiânica Mundial do Brasil, afirma:

> *O homem depende do seu pensamento. Gratidão gera gratidão, e lamúria gera lamúria. Assim, quem vive agradecendo torna-se feliz, quem lamuria caminha para a infelicidade. A frase "alegrem-se que virão coisas alegres" expressa uma grande verdade.*[36]

---

[36] SAMA-MEISHU. O homem depende de seu pensamento. **Revista Izunome**, 7 jan. 2018. Disponível em: https://revistaizunome.messianica.org.br/item?id=49. Acesso em: 18 jun. 2022.

CASA COMIGO?

A palavra japonesa *sonen* significa "orar pensando", ou seja, não se trata de um pensamento comum, mas de uma oração ligada diretamente com o Mundo Espiritual. O efeito desse vocábulo é muito forte e intenso e não existe uma tradução ao pé da letra para ele. Seu significado é muito mais profundo, abrangente e poderoso de união entre pensamento, sentimento, vontade (razão) e ação. Mais que um pensamento é o sentimento com o qual você vibra junto e que contribui para materializar essa força.

Por isso, proponho que você tenha, mais do que fé, um *sonen* forte – essa manifestação da força ao orar com sinceridade perante uma divindade, algo que culte ou em que acredite, um desejo intenso de transformar-se em si, descobrir-se para ser verdadeiramente feliz. Conecte-se com sua espiritualidade. Somos a união de vários corpos, e eles precisam estar em equilíbrio e harmonia para o profundo funcionamento. Somos o reflexo da nossa alma e vice-versa. Lapidá-la seguirá a ordem natural e atuará na verdadeira causa do problema.

Ao longo do meu desenvolvimento, tive diversos diversos exercícios práticos para sentir o poder da gratidão. Com meu mentor espiritual, sensei Koji Sakamoto, aprendi ações para conquistar "dez obrigados por dia" por gentilezas que pratico com aqueles que estão à minha volta. Agir de acordo com esse objetivo nos faz prestar atenção ao nosso comportamento. Simples atitudes, como cumprimentar pessoas desconhecidas, fazer gentilezas no trânsito, ceder seu lugar ao mais velhos, sorrir para uma criança, oferecer água ou café aos colegas no trabalho, ser mais eficiente, mais gentil, mais bondoso, mais cortês, mais proativo, mais eficiente, mais pontual, o conduzirão ao sucesso nesse desafio de receber dez obrigados por dia e o direcionarão a um novo patamar. Antecipar-se em contagiar o ambiente e os outros com expressões de bondade,

Capítulo 11: O.TIMISMO

sinceridade e carisma, fazer o próximo feliz, vai proporcionar a você verdadeira felicidade.

A pontualidade é uma dessas gentilezas que você pode oferecer à sua volta. Pontualidade é sinceridade. Evite que pessoas precisem aguardá-lo, que possam estar aflitas; elimine essa preocupação do próximo. Seja você quem vai aguardar. Essa é uma grande boa ação que reflete suas intenções positivas e o eleva ainda mais, pois você receberá o sentimento de gratidão emanado pelo outro, favorecendo o desenvolvimento de uma personalidade cada vez mais otimista e altruísta.

O otimismo, porém, não precisa vir apenas do sentimento de outras pessoas para consigo, e sim de sua própria mente. É importante sempre polir seus pensamentos, por exemplo, fazendo uso de um diário de gratidão. Crie o hábito de praticar a gratidão. Desafie-se a escrever todos os dias cinco coisas pelas quais você é grato, sem repetir itens. Treinar sua mente para buscar cada vez mais pelo que agradecer, além de manter sua vibração em alta, o ajudará nos dias mais difíceis a manter-se em uma frequência positiva, contribuindo para solucionar problemas com mais facilidade pela força oculta e peculiar do otimismo. Assim, poderá se recordar de muitos motivos pelos quais pode sentir-se grato.

São muitas as estratégias que mantêm a vibração em alta. As cores, por exemplo, também exercem grande influência em nossas emoções, pois suscitam sentimentos e são capazes de atuar em nosso estado mental. As cores podem curar e nos proporcionam uma maneira prática de atrairmos o otimismo tanto em nossa casa-corpo como em nossa casa-ambiente. Elas influenciam nosso humor, nossas emoções e nossos comportamentos, ajudando-nos a sermos mais otimistas, alegres, felizes, seguros, corajosos e confiantes.

Uma cozinha com tons alaranjados influenciará na alimentação das pessoas, fazendo-as se alimentarem mais. Uma academia em tons de azul fará seus usuários treinarem menos e permanecerem menos motivados a se exercitar. Um escritório ou um quarto em tons de vermelho são passíveis de agitações desnecessárias, podendo levar a discussões.

Fazer o uso das cores sabiamente na sua vestimenta é a premissa ideal para contribuir com suas necessidades, proporcionando mudanças em seu estado fisiológico. Aprenda a ser um alquimista de cores para passar mais confiança, sentir-se mais leve, demonstrar luto ou captar ainda mais energia ou alegria. Além disso, elas contribuem para a cura de doenças e para que você se sinta ainda mais focado. Caso aprecie a cura por meio das cores, sugiro ler com atenção as informações a seguir. Saberá desde curar a casa-ambiente e até como manuseá-las de forma inteligente para seu guarda-roupa.

O livro *Teoria das cores*, publicado por Johann Wolfgang von Goethe em 1810, foi um dos pioneiros a explorar insights reflexivos sobre as cores com base na psicologia humana, inspirando filósofos e cientistas a seguirem pelo mesmo caminho. Dentre eles, a socióloga alemã Eva Heller, que contribuiu muito com seus estudos em Psicologia das Cores.

Com base em sua pesquisa, que incluiu entrevistas com cerca de 2 mil pessoas, Heller buscou descobrir padrões entre as cores mais e menos apreciadas, além de associações entre cores e palavras. De seu vasto estudo, nasceu um verdadeiro paradigma sobre o significado e a psicologia das cores.[37] Apresento-lhes a seguir algumas associações importantes.

---

[37] HELLER, E. **A psicologia das cores**: como as cores afetam a emoção e a razão. São Paulo: GG, 2021. p. 22.

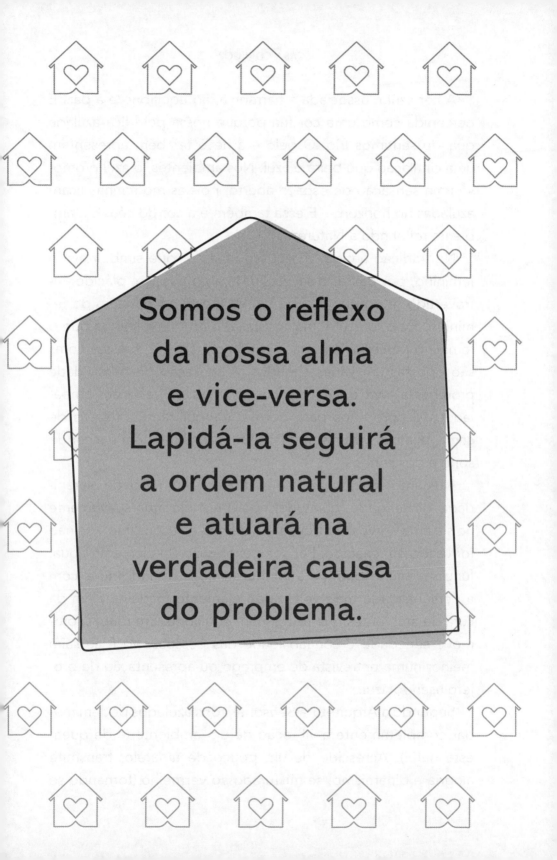

Somos o reflexo da nossa alma e vice-versa. Lapidá-la seguirá a ordem natural e atuará na verdadeira causa do problema.

A cor azul é associada à harmonia, ao equilíbrio e à paz. É percebida como uma cor fria porque nossa pele fica azulada quando sentimos frio. O gelo e a neve também apresentam uma cintilação que beira o azul. Nos ambientes, o azul promove uma sensação de espaço aberto, pois as montanhas ficam azuladas no horizonte. E essa também é a cor do céu. É o ambiente refletindo a Natureza.

Na tradição antiga, o azul era uma cor que simbolizava o feminino, por passar a sensação de algo passivo, plácido, introvertido, e porque a água também está no domínio do feminino. Hoje, o azul é mais associado ao masculino, já que o feminino passou a ser relacionado ao magenta, e essas cores são opostas em vários sentidos. A sensação de passividade promovida leva o azul a ser a cor mais utilizada em embalagens de produtos para dormir, tranquilizantes, roupas de cama, pijamas e camisolas. Por isso, o azul também é a cor do sono e dos sonhos.

Nos ambientes, o azul se traduz em tranquilidade, serenidade, sinceridade, quietude, equilíbrio. Ele atua suavemente no sistema nervoso, introvertido, infinito e repousante – se não for usado em excesso. Por ser a expressão do elemento água, funciona muito bem para cura e ativação de indivíduos com a personalidade mais voltada ao elemento madeira, além da cura de ambientes que necessitam equilíbrio. Em roupas, promove seriedade e confiabilidade das pessoas. Você se sairá melhor numa entrevista de emprego ou apresentação de projeto usando azul.

Segundo a Arquitetura Sensorial, tons azulados podem mudar completamente a vibração de um ambiente (e de quem está nele!). Acrescido de um pouco de amarelo, transmite alegria e dinamismo; se misturado ao vermelho (tornando-se

Capítulo 11: O TIMISMO

índigo, púrpura), relaciona-se com energias mais fortes e ativa a sabedoria.

As cores que permeiam os tons do violeta são de transformação do mais alto nível espiritual e mental, capazes de combater os medos e contribuir para a paz. Têm efeito de limpeza para os transtornos emocionais, pois seu efeito sobre a mente é profundo. Além disso, são utilizadas pelos psiquiatras para acalmar os pacientes que sofrem de transtornos mentais e nervosos. Essas cores equilibram a mente e são estimulantes para a imaginação e a intuição. Conectam-nos a impulsos musicais e artísticos, inspirando-nos sensibilidade, espiritualidade e compaixão. No entanto, em excesso, podem nos levar a viver em um mundo só de fantasias, incentivando quadros de ansiedade e depressão.

A cor amarela, segundo a Psicologia das Cores, é ambígua. Ao mesmo tempo que é associada à recreação, à jovialidade e ao otimismo, pois tem uma disposição ensolarada, é lúdica e irradia como um sorriso, também é ao ciúme, à hipocrisia, à cobiça desmedida, a sentimentos que causam a raiva, ao nojo e ao impuro, como aquela expressão "sorriso amarelo". Por causa de sua simbologia de instabilidade, o amarelo está presente em muitas situações do cotidiano. É a cor da atenção, de grande importância para a sinalização de trânsito. Por sua ambiguidade de sentidos, para denotar sentimentos mais específicos, é bastante importante associar o amarelo a outras cores.

Segundo a Arquitetura Sensorial, o amarelo no interior dos ambientes é luminoso, representa a alegria, revitaliza, estimula a atividade mental; significa fartura e está associado ao elemento terra, o horizontal. Os tons de amarelo são especiais para nos transmitir efeito de luz, mas, em excesso, podem provocar pensamentos confusos. Também algumas sensações do paladar são atribuídas a ele, como refrescância e amargor, por ser associado ao limão, uma fruta ácida e azeda.

A cor vermelha é fortemente associada ao fogo e ao sangue, elementos de caráter existencial em todas as culturas. Assim, sentimentos e sensações transmitidos pelo vermelho tendem a ser compartilhados por pessoas de todo o mundo e através dos tempos. O vermelho representa as paixões, do amor ao ódio, das boas às más intenções. É também a cor do erotismo e da sedução. Não à toa, também é associado a coisas proibidas e imorais. Quando o sangue sobe para a cabeça, o rosto fica vermelho. Isso pode acontecer após nervosismo, timidez, raiva, entre outras fortes emoções.

O fogo, embora possa ter diversas cores, é tido como vermelho. Quando um metal fica quente, ele se torna vermelho; por isso, é associado ao calor. Na tradição antiga, o vermelho era considerado uma cor masculina, já que representa a força, a atividade e a agressividade. Era a cor usada em pinturas corporais por indígenas brasileiros antes de irem à guerra e a cerimônias religiosas. De certa maneira, o vermelho representa mudança e é o oposto do azul, que tende ao passivo e delicado.

Na Arquitetura Sensorial, representa poder, fogo, paixão, extroversão, impulsos, excitação, calor, estímulo. É a cor do Império Romano e sinônimo do proibido, do apaixonante e do amoroso. Utilize o vermelho para esquentar uma composição num detalhe de acabamento, mas tenha parcimônia em seu uso para quartos e escritórios. O excesso dessa cor pode estressar e alimentar certa ferocidade, promover discussões ou "pilhar" as pessoas. Tamanha sua força, o vermelho pode sobrecarregar os ambientes, porém, se bem dosado, ajuda a balancear o fluxo da energia, aquecer os espaços e pontuar com eficácia o seu melhor representante: o fogo.

Capítulo 11: O.TIMISMO

O verde é mais que uma cor, é uma ideologia, uma esperança e um estilo de vida. O verde é a cor da Natureza, da primavera e da fertilidade. Por ser a cor das coisas que crescem no mundo natural, também é associado à riqueza; o dinheiro é visto como verde, independentemente da cor real que as cédulas tenham. Por isso, também é associado à burguesia. Nos retratos antigos, grande parte dos burgueses se deixava pintar em frente a um fundo verde, e as mesas de jogos, grande entretenimento da burguesia, tradicionalmente são forradas por tecido verde.

As frutas que não estão maduras são chamadas "verdes", inerente a sua real cor. Assim, o verde é também a cor da juventude, da imaturidade. Aquilo que denominamos como "profissional verde" ou "aluno verde" é aquele que ainda tem muito o que aprender.

Na Arquitetura Sensorial, o verde nos ambientes é a cor que procuramos por instinto quando estamos deprimidos ou vivemos um trauma, pois cria um sentimento de conforto e relaxamento, de calma e paz interior, proporcionando-nos equilíbrio interior. O tom inspira bem-estar, harmonia e equilíbrio. O verde representa o elemento madeira, as próprias plantas e as formas retangulares verticais.

A cor laranja transmite alegria, otimismo, energia, vitalidade, cordialidade, estimulando o apetite e as "boas-vindas". Está associada à euforia e à disposição energética, por isso é ótima para ser usada por crianças tímidas, liberando as emoções negativas, fazendo que nos sintamos menos inseguros e penosos e mais compreensivos com os outros, contribuindo para o perdão. Manifestada em frutas cítricas associadas a energia e ação, como a própria laranja ou a tangerina, essa cor promove atitude, movimento e estímulo

CASA COMIGO?

e, por tal impulso que gera, relaciona-se com o sucesso em alcançar a prosperidade.

Na arquitetura, quando usada em grandes áreas, pode provocar estafa visual. Use-a com parcimônia, em especial em ambientes como a cozinha, pois, por promover a impulsão, não é favorável para manter a dieta, mas pode ser explorada em restaurantes, porque incentiva os clientes a consumir mais.

A cor rosa é emocionalmente descontraída, influindo nos sentimentos e os convertendo em amáveis, suaves e profundos. Nos faz sentir carinho, amor e proteção. Também nos afasta da solidão e nos torna sensíveis.

Existem muitas tonalidades de rosa. Aos tons de rosa-claro são atribuídas conotações ligadas ao amor e ao romantismo. Os tons de rosa-escuro estão associados à sensualidade e à sedução feminina. A cor em evidência ainda é um costume tradicional aos quartos de meninas, representando a fantasia, o encantamento e o mundo mágico dos contos de fadas. É a cor preferida das garotas e adolescentes, expressando meiguice, doçura e inocência.

O marrom é a cor da mãe terra, nos traz a sensação de estabilidade e afasta a insegurança. No entanto, também está relacionado à repressão emocional, ao medo ao mundo exterior e à estreiteza de planos para o futuro quando usado em excesso. É a cor que mais remete ao elemento terra, à firmeza, à valorização dos elementos que nos conectam à Natureza, à própria terra, às cerâmicas, às formas horizontalizadas e ao centro das edificações, por isso está associado a estabilidade, realismo, cautela, fertilidade, proteção.

Não poderia ficar de fora esta que é a junção de todas as cores do espectro, "a cor da luz" em cores-luz ou a "a ausência de cor" em cores-pigmento, o branco. Reflete todos os raios

Capítulo 11: O.TIMISMO

luminosos não absorvendo nenhum; por isso, representa clareza máxima, pureza, limpeza e paz. Protetora, contribui com a paz e o conforto, alivia a sensação de desespero e de choque emocional, ajuda a limpar e aclarar as emoções, os pensamentos e o espírito. Também simboliza a virtude e o amor a Deus. Sugere libertação, porque ilumina o lado espiritual e restabelece o equilíbrio interior. Se você precisa de tempo e espaço em sua vida porque se sente pressionado, a cor branca pode dar a sensação de liberdade para esquecer-se das opressões.

Na arquitetura, um ambiente branco proporciona frescor, calmaria e amplitude, transmitindo a sensação de liberdade. Entretanto, se em excesso, pode dar a impressão de frieza, vazio e impessoalidade, por isso sugere a conjugação e harmonia com objetos coloridos. O branco oferece uma combinação perfeita com qualquer outra cor. Use e abuse dessa Luz!

Uma cor muito usada na Arquitetura Sensorial, o bege, com seus diversos e infinitos tons e subtons, promove a sensação de aconchego, segurança e conforto. Transmite calma e passividade. Está associada à melancolia e ao clássico. O bege simboliza uma variação do marrom e, portanto, é fixo como a terra, mas suave como a areia.

O bege é uma cor única no espectro, podendo ter tons frios e quentes, dependendo apenas das cores à sua volta. O calor do marrom e a frieza do branco dão a ela tal propriedade. Na maioria dos casos, o bege é conservador, usualmente utilizado como cor de fundo e relacionado a piedade e fidelidade. Ele absorve as características das cores ao seu redor gerando um efeito em si mesmo. Além de harmonizar, é uma tonalidade que se convoca quando a intenção é não causar impacto, serenar, aquecer.

Cada cor, claro, tem sua função ao compor a decoração de um ambiente, mesmo que seja a de não interferir em nada.

Cores como areia, palha e bege, todas muito semelhantes, são fundamentais próximas a tons pulsantes. Democráticos, os neutros aceitam o que vier. A famosa frase "combina com tudo" parece ter sido inspirada num momento de profunda contemplação desses tons tão isentos de atrito e cheios de sobriedade e parcimônia.

A cor cinza, neutra, está associada à independência, à autossuficiência, ao autocontrole. Atua como escudo contra as influências externas. Bonita, versátil, imponente e discreta, em um ambiente, promove neutralidade, elegância, sofisticação e até mesmo ausência de emoção. Não estimula nem tranquiliza, por isso é muitas vezes interpretada como uma cor sem movimento, sendo perfeita para servir de pano de fundo de cores vivas e intensas – harmoniza-se com todas elas.

Palavras-chave da cor cinza são: estabilidade, generosidade, grandes dotes organizativos, dotes humanitários, isolamento, independência. Essa cor faz parte do elemento metal, junto ao branco, aos objetos metálicos e às formas arredondadas.

Por fim, vamos falar do preto na Arquitetura Sensorial, que ao mesmo tempo imprime sofisticação, luxo, modernidade, abstracionismo e mistério. Está relacionado ao silêncio, ao infinito. O preto transmite introspecção, favorece a autoanálise e significa também dignidade. Produz uma diminuição aparente nas formas e em volumes. Em excesso, pode ser opressivo e triste. Dependendo do uso, ajuda-nos a nos isolarmos e escondermos do mundo.

Vamos colorir a alma da nossa casa!

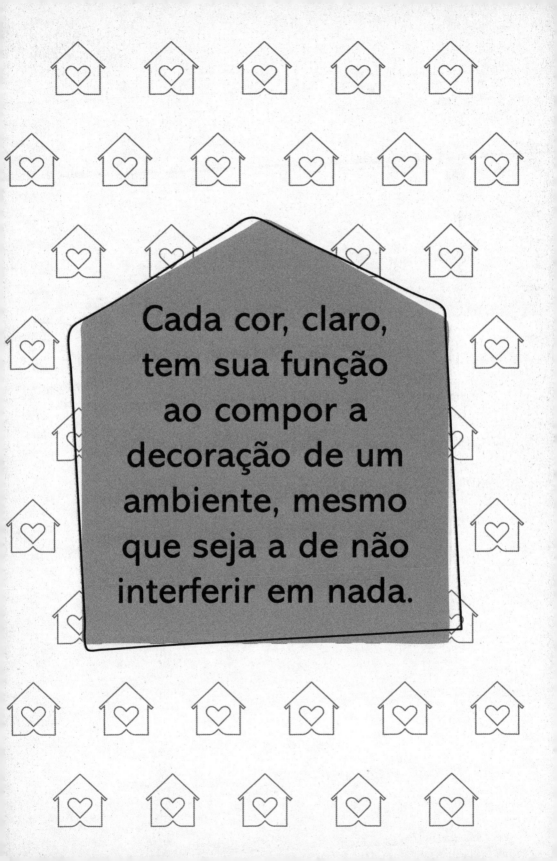

Capítulo 12

R.ESSIGNIFICAÇÃO

Até aqui, você já deve ter percebido que o principal meio para alcançar os nossos objetivos é por meio da harmonia – a harmonia externa, do ambiente, que será traduzida em nosso interior, e crucial para alcançarmos todo o resto. Para que, de fato, a harmonia contribua para alcançar os objetivos, precisa associar-se à razão. Quando razão e emoção entram em sintonia, conseguimos seguir adiante com mais clareza e leveza, enfrentando nossos desafios diários com mais assertividade e ficando ainda mais perto de nossa meta. Para isso, precisamos agora entender onde está a nossa razão.

Como falei brevemente no capítulo anterior, quando envolvemos pensamento, sentimento e razão (sonen), estamos criando uma força poderosa de materialização de nossos objetivos. E, para chegar a essa razão em conformidade com a emoção, devemos ressignificar nossas crenças limitantes e transcendê-las. Assim, fortalecemos conceitos novos ou necessários para passos mais assertivos na direção dos nossos sonhos e objetivos.

O que recomendo, aplico em mim, na minha filha, ensino a meus amigos e clientes e venho estudando desde que tomei ciência de sua existência é a ferramenta de Programação Neurolinguística (PNL). Uma definição clara sobre ela é a do autor Joseph

O'Connor: "A PNL estuda como estruturamos nossa experiência subjetiva: como pensamos sobre nossos valores e crenças e como criamos estados emocionais, como criamos nosso mundo interno a partir da nossa experiência e lhe damos significados".[38]

É possível ocorrer uma mudança por meio de dois caminhos: forte emoção ou velocidade e repetição. Aplicando ferramentas como a PNL, conseguiremos eliminar e resolver questões, percepções, emoções e sentimentos que atribuímos a ações do passado e que insistimos em reproduzir na forma de hábitos ruins, crenças limitantes, e ressignificar de maneira rápida, indolor e eficaz, economizando nosso ativo mais precioso do Universo, o tempo.

Com base em uma conexão consigo, você passa a observar o que o impede de se desenvolver e entende as objeções que tem naquele momento. A primeira palavra que vem à mente é a resposta que está buscando, mesmo que você não compreenda de imediato o termo que deu nome à sua sensação. Não insista em querer entender o porquê e buscar renomear, racionalizando a experiência, a palavra pode não fazer sentido ao seu racional, mas faz sentido a sua percepção naquele momento.

A Programação Neurolinguística (PNL) favorece e reconhece a conexão entre os processos cognitivos (neurológicos) e a linguagem (linguística), permitindo que a pessoa tenha uma ferramenta para mudar o que precisa na sua personalidade e aprimorar as suas relações.[39] Assim, a ferramenta compreende que, ao mudar nossos padrões de pensamentos, modificaremos o processo cognitivo e vice-versa. Dessa forma, podemos dizer que é um processo educacional para o cérebro. A PNL

[38] O'CONNOR, J. **Manual de Programação Neurolinguística (PNL)**: Um guia prático para alcançar os resultados que você quer. Rio de Janeiro: Qualitymark, 2017.

[39] BLANDER, R.; ROBERTI, A. **A introdução definitiva à PNL**: como construir uma vida de sucesso. Rio de Janeiro: AltaLife, 2019.

Capítulo 12: R.ESSIGNIFICAÇÃO

se baseia em como usamos os nossos cinco sentidos – visão, audição, olfato, tato e paladar –, que passam a ser condensados e subdivididos em três sistemas representacionais: visual, auditivo e cinestésico (englobando o tato, o olfato e o paladar).

Por meio desses três sistemas, processamos as informações do mundo exterior e criamos nossas percepções internas do território. A PNL pode ajudar você a reprogramar a sua mente e estabelecer padrões mentais mais elevados.

Entenda aonde quer chegar, saiba o que quer, adquira conhecimentos para ter melhores opções. Saiba que não existem erros ou acertos, apenas resultados. Toda ação tem um propósito, e todo comportamento, no fundo, tem uma intenção positiva. Mente e corpo formam um único sistema. Nossos pensamentos afetam o nosso corpo, e todos os recursos de que necessitamos para agir estão dentro de nós.

Devemos aprender a melhorar a nossa comunicação, se quisermos ser entendidos, compreendidos. Também é preciso um esforço para criar conexão com as pessoas: desenvolver *rapport* e para isso você precisa entender, escutar a outra pessoa. Nos comunicamos de forma verbal e não verbal, e existe um conjunto de ações para essa compreensão: palavras, entonação, gestos faciais e posturas corporais. Busque aprender a expressar-se cada vez melhor. Observe seus pensamentos, preste atenção ao que pronuncia, pois a nossa mente costuma omitir, generalizar e distorcer os fatos.

O nosso entendimento do mundo é baseado em como nós o vemos e em como o representamos. Criamos uma "realidade" na nossa mente com base nos filtros que utilizamos. Imagine esses filtros como lentes de óculos pelas quais enxergamos apenas aquilo que é importante para nós. Se aprendemos a alterar esses filtros, podemos ter percepções diferentes da realidade e conseguirmos evoluir. Compreender como respeitar as outras pessoas e a entender que elas cresceram e aprenderam sob condições diferentes e com oportunidades diferentes (tendo, assim, visões diferentes de mundo), permitirá uma vida mais leve, de menos embate e mais compaixão pelo próximo. A comunicação é a chave para ressignificação e expressão de sua melhor versão. Julgue menos e abra filtros melhores para si e para os outros.

Ressignifique suas crenças, elimine medos, confie mais em você, modele quem quer se tornar e repita até que isso se concretize. Além da decisão de controlar sua mente por meio do que pensa, sente e age, faça uso de frases de autoafirmação e de poder, pois elas contribuem para ressignificar e intensificar o seu olhar de modo a estabelecer uma conexão com as emoções positivas. Isso o mantém favorável a agir com mais fé, coragem, força, perseverança e confiança.

Em sua casa-ambiente, você também pode ressignificar cômodos e objetos. É importante avaliar ambientes que precisam mudar de função – por exemplo, o home office que precisa se tornar um quarto de bebê. Para isso, é muito importante uma limpeza física e energética para você ressignificar o uso do espaço, sobretudo se não fará grandes reformas. Para a limpeza energética, esvazie todo o cômodo, intencione o objetivo do espaço, utilize incensos e defumadores que contenham arruda ou sálvia branca. O amoníaco é um grande aliado para apagar registros de memórias de paredes e o anil serve para dispersar energias negativas que deixam no local energias densas, pesadas e ruins. Para os objetos, muitas vezes uma limpeza física e a mudança do uso podem resolver de imediato, porém vai depender muito do material do objeto. Normalmente, aqueles feitos de madeira comprados em antiquários precisam ser medidos por um radiestesista a fim de evitar que você adquira, junto da peça, apegos e memórias que porventura sejam ruins, memórias adquiridas em ambientes dos

Capítulo 12: R.ESSIGNIFICAÇÃO

antigos donos. Nem sempre um polimento, deixar ao sol sobre um círculo de sal grosso ou agregar cristais à peça resolve de fato essa memória ruim. As vezes faz-se necessário eliminar o objeto da sua casa, pois continuará emanando essas memórias que não contribuem e não se alinham com o que você está se tornando. Por esse motivo, é preciso ter expertise ao escolher peças em antiquários e feiras de antiguidade, que costumam vir impregnadas de histórias, nem sempre favoráveis energeticamente.

Você também pode ressignificar esses registros na sua casa-corpo com banhos de ervas. Tomar um banho profundo e silenciar a mente (conter seus impulsos nesse momento) com ervas é ainda melhor. Vou deixar um acesso às minhas principais e mais essenciais receitas de banhos com ervas durantes esses anos nos cursos de aromaterapia e em viagens pelo mundo para que você se beneficie delas também. Realize uma prece, uma oração para se conectar ao Universo, ao seu Eu Superior, e expresse com intensidade e profundidade o que deseja, precisa e pretende mudar. Escreva o pedido numa folha de papel virgem. Após isso, agradeça, coloque num envelope e guarde em algum lugar especial, mas que você não vai revisitar tão cedo. Ceda para conquistar, entregue ao Universo.

Aponte a câmera do seu celular para o QR code ao lado e acesse o conteúdo disponível no grupo do Telegram.

Vamos ressignificar fatos e recriar histórias que fortaleçam o imaginário para sonhar grande!

Capítulo 13

I.NTENCIONALIDADE

A intencionalidade permite evocar os desejos mais profundos e aplicá-los com o poder da ação. Trata-se de um mergulho individual em sua essência, seu autoconhecimento e seus valores.

Você deve vibrar, com todas as células do seu corpo, a nova realidade a ser atingida; mover-se em direção ao seu sonho com fé; viver como se já tivesse atingido seu objetivo; alinhar espírito, mente e matéria. A intenção é o desejo da alma. É sempre um grande "porquê" que pode sustentar qualquer "como". Intenção é uma poderosa ferramenta de cura, de abertura dos portais astrais que favoreçam o caminho da sua busca.

Viver com intencionalidade é praticar uma atividade ou ação que exerce diariamente com a finalidade de aprimorar suas escolhas e hábitos. É estar sob o comando das próprias regras, no momento presente, consciente de suas escolhas. É fazer um pedido ao seu subconsciente e alinhar espírito e corpo para agirem em direção a sua intenção, ao seu forte desejo de conquista. É inspirador, cativante, empolgante e assertivo!

Quando intencionamos a cura, temos consciência da necessidade de mudança em nossa vida e saímos do piloto automático.

Isso garante o sucesso na realização, na empreitada para a qual você se destinou.

Decida ser intencional, tenha a certeza de onde você quer chegar. Não importa onde está o seu ponto A, você deve se perguntar qual é o seu ponto B. Direcione mente e corpo a objetivos precisos. Viva com propósito e de propósito. Assuma o controle, as rédeas da sua vida, para ser capaz de cultivar e colher o que semeou – aproveitando os momentos que de fato importam.

Não basta querer, precisa ter intenção de alcançar: "Estou aqui, quero chegar lá, portanto, farei os ajustes necessários até eu conquistar". Afinal, uma grande lição que aprendemos bem cedo com a história de *Alice no País das Maravilhas*, de Lewis Carroll: "Não me importa muito para onde vou, contanto que eu chegue a *algum lugar*".[40]

Para entender qual direção deseja percorrer, você precisa sentir.

No livro *Pequeno tratado das grandes virtudes*, o autor André Comte-Sponville escreveu o seguinte:

> A prudência determina o que é necessário escolher e o que é necessário evitar. Viver com intenção e viver com prudência, senso de responsabilidade, com ação consciente, presença plena significativa, uma das definições do dicionário diz, caráter de um ato ou estudo de consciência adaptado a uma intenção, a um projeto.[41]

[40] CARROLL, L. **Alice no País das Maravilhas**. São Paulo: Gente, 2022. Tradução de Flávia Souto Maior. (no prelo)

[41] COMTE-SPONVILLE, A. **Pequeno tratado das grandes virtudes**. São Paulo: WMF Martins Fontes, 2016.

Decida ser intencional, tenha a certeza de onde você quer chegar.

CASA COMIGO?

Dar um sentido ao que almeja, criar um propósito pautado numa intenção, desenvolver esse projeto com sentir para fazer sentido é agir com significado – desde uma simples limpeza que você faça na sua casa a uma grande reforma; se estiverem alinhadas à sua intenção, terão um resultado extraordinário.

Você também pode intencionar que tipo de energias, pessoas e coisas acontecem no seu ambiente. Você distribui o seu espaço e intenciona de acordo com qual função específica pretende com ele. Com as formas, cores, texturas e luzes, produz e materializa essa intenção. Evidenciando por meio dos móveis, dos objetos e do layout, você determina o que deseja.

Além disso, reforçamos aqui a importância das frases de afirmação, as quais têm o poder de auxiliar, por meio da repetição, muitos passos do método L.A.B.O.R.A.T.Ó.R.I.O. Sensorial para nossa casa-corpo, é possível auxiliar na R.essignificação, I.ntencionalidade e no O.timismo que trarão benefícios para a A.titude. Essas são ações mais conscientes, que por consequência proporcionarão ainda mais L.eveza e te auxiliarão nas conversas com Deus durante a O.ração.

"Se você pensa que pode ou se pensa que não pode, você está certo de qualquer maneira", essa frase, geralmente atribuída a Henry Ford, resume bem o tema.

A repetição das afirmações o levará a uma nova crença, e quando esta virar uma convicção profunda é como se seus pensamentos, sentimentos e ações o conduzissem a essa nova realidade adquirida. Você pode usar afirmações para aprimorar sua confiança, proporcionar mais coragem, melhorar seus relacionamentos, sua saúde, finanças e mesmo crenças que precisam ser revistas e transformadas. Suas frases estarão em constante atualização; à medida que você cresce e evolui, as necessidades vão mudar.

Capítulo 13: I.NTENCIONALIDADE

Crie suas próprias frases de afirmação. Vale usar aquelas inspiradoras de filósofos, por exemplo, que o motivem e se assemelhem ao seu objetivo. Defina o que você realmente deseja, por que você quer, quem precisa ser, o que tem de fazer e com o que deve se comprometer para ter o que almeja. Lembre-se do que mencionei junto à PNL, seja o mais específico possível.

Use essas frases em mudanças de estados fisiológicos, repita-as após exercícios físicos, durante um banho gelado, após meditar ou escutar uma música especial que mude seu padrão emocional. Sinta e visualize seus objetivos repetindo as afirmações.

"Pessoas comuns só acreditam no possível. Pessoas extraordinárias não visualizam o que é possível ou provável, e sim o que é impossível. E, ao visualizar o impossível, elas começam a vê-lo como possível", dizia Chérie Carter-Scott.[42]

---

[42] CHÉRIE Carter-Scott. **Frases Famosas**. Diponível em: https://www.frasesfamosas. com.br/frases-de/cherie-carter-scott/. Acesso em: 29 jun. 2022

Capítulo 14

O.RAÇÃO

Não há nada mais mágico, inexplicável, que acalente nosso coração e suscite-nos esperança, principalmente em momentos de crises, medos, inseguranças, problemas, acidentes e doenças que nos afetam de diversas maneiras e para os quais não encontramos solução do que a oração.

A oração é a palavra que nos traz discernimento para entender a nossa pequenez perante o Universo e, ao mesmo tempo, apresenta-nos a magnitude do poder do Criador e da criatura, a nossa gigante e inexplicável capacidade de realização, de sermos essenciais para a evolução do planeta.

Aproxima a nossa relação com Deus, fornecendo um canal direto em que são revelados verdadeiros milagres. É uma ponte entre a Terra e o Céu, que nos une ao Divino, que nos desperta e conecta a um dos sentidos mais incríveis que recebemos, a nossa intuição. Por meio dela reconhecemos a nossa verdadeira essência e, por consequência, tudo ganha um sentido único e especial. É o melhor caminho para interpretarmos a nossa verdadeira missão.

Deixando de lado seu papel intrínseco nas religiões e focando estritamente a espiritualidade, também uma das esferas da nossa saúde (formada pela física, mental, emocional e espiritual), é de suma importância desenvolvermos essa capacidade de equilíbrio com o nosso espírito a fim de compor um bem-estar geral, alcançar uma maior qualidade de vida, conceber um sentido mais amplo para a vida. A oração é o meio para exercermos materialmente essa espiritualidade, a nossa junção com Deus, com o Universo. E a intensidade desse ato se dá por meio da fé. A Oração é o exercício da Fé.

Conforme já mencionei e descrevi em detalhes no livro *O sucesso é treinável*, também publicado pela Editora Gente, em minha busca incansável por autoconhecimento e por respostas para o meu fracasso constatei que minha fé estava abalada. Daí, conclui que a sucessão de acontecimentos se definiu por: "Fé abalada, confiança extinta".

A fé, acredito, é como a Lei da Semeadura, quanto mais cuidamos dela, mais prosperará. Desde o plantar da semente, regar, zelar, orar e vigiar, submeter-nos com coragem e afinco aos desafios, com a convicção de que somos regidos por algo superior e magnânimo, veremos nossa fé desabrochar-se e transformar-se em uma grande árvore frondosa, forte, florida e frutífera. E mesmo que as estações façam cair folhas, esses ciclos são necessários à sua renovação. Em algum momento, talvez seja necessária uma poda para sua manutenção, a fim de que se fortaleça, mas a ação do tempo trará desenvolvimento, crescimento, transformação e evolução – até mesmo transcendência, aproximando-nos da nossa verdadeira identidade, essência, partícula divina, imagem e semelhança.

O livro *A equação do milagre*,[43] de Hal Elrod, descreve bem que a fé inabalável, somada ao esforço extraordinário, é a fór-

---

[43] ELROD, H. **A equação do milagre**: fé inabalável + esforço extraordinário. Rio de Janeiro: BestSeller, 2019.

Capítulo 14: O.RAÇÃO

mula que nos eleva a nossos maiores objetivos – de possíveis a prováveis e inevitáveis realizações.

Thomas Edison, um dos maiores inventores da humanidade, responsável pela criação da lâmpada elétrica, tem uma frase atribuída a ele que diz: "Nunca vá dormir sem um pedido para seu subconsciente".[44] Importante entoarmos o que desejamos para podermos transformar sonhos em realidade. Acredito que a forma mais humilde e generosa de realizar isso é por meio da oração.

É essencial termos em nossa casa um espaço destinado ao sagrado – um canto energético, um altar, um tapete ou uma poltrona especial –, dedicado ao cultivo da sua fé por meio da oração. Se ela for acompanhada por rituais, como acender uma vela, meditar, ler um livro de ensinamentos, escrituras, contemplar imagens ou símbolos, praticar exercícios de visualização ou recitar frases de poder, faça desse espaço o seu portal de acesso direto à elevação da sua espiritualidade.

No Oriente, os japoneses denominam esse lugar especial para essa prática da fé de *Taka amahara*, que em um sentido mais amplo significa "o local mais sagrado, mais divino, mais elevado".[45] Esse pode ser um dos lugares recomendados para um quadro dos sonhos, para fazer uma composição de metas e objetivos para você visualizar, intencionar e vibrar cada vez que estiver orando nesse espaço escolhido e sagrado. Para criar esse quadro vale lançar mão de recortes, impressões digitais e fotografias que representem e ilustrem

---

[44] THOMAS A. Edison: Nunca vá dormir... **Frases Inspiradoras**, 2022. Disponível em: https://frasesinspiradoras.net/thomas-a-edison/frase/304473. Acesso em: 29 jun. 2022.

[45] TAKAAMAHARA. In: WIKIPEDIA. Disponível em: https://pt.wikipedia.org/wiki/Takaamahara. Acesso em: 29 jun. 2022.

tudo o que está almejando. Você pode estruturar as imagens num painel de cortiça, madeira ou metal. Sugiro que, se a localização ficar muito exposta, reserve um lugar que só você veja, como seu closet ou porta do guarda-roupa. Escolher um propósito e alinhar-se a sua verdadeira missão de vida te trará um senso de direção, clareza, sabedoria e coragem inigualável.

É importante honrar a casa-ambiente. Você pode escolher a maneira que lhe faça mais sentido, mas eu recomendo que se coloque próximo ao centro da sua edificação, lugar onde prevalece a estabilidade, simbolizada pelo elemento terra. Talvez você necessite escolher um espaço reservado de sua morada para honrá-lo sem interrupções. Acredito que isso seja mais eficaz em alguns casos, e é melhor do que não o fazer. O importante a ressaltar aqui é dignificar a casa como um local de fato sagrado. Honre pela cocriação da sua casa-ambiente, agradeça genuinamente pela conquista, pelo abrigo sagrado que é seu. Lembre-se de que precisamos agradecer e reconhecer o que temos para merecer o que ainda não alcançamos. Peça, inclusive em pensamento, que a sua casa se nomeie. Dê nome a tudo que é importante para você.

Em nossa casa-corpo, a morada da nossa alma, o importante é fazer de nossas orações um hábito constante e diário, a fim de refletir sobre a vida, fortalecer laços com a energia criadora, sentir o seu poder absoluto e fazer dessa atitude o fortalecimento da intuição. É por meio dela que reconheceremos o poder da cocriação, do livre-arbítrio, da confiança, da coragem, e concretizaremos realizações sem limites, compreendendo que podemos ser muito felizes e úteis à humanidade.

Com base nesses pequenos momentos,
hão de se concretizar experiências excepcionais
e singulares, além de mostrar percepções do mundo
que só podemos ver quando nos permitirmos
desacelerar para acelerar com significado.
Aquiete a mente para ampliar o canal
do sexto sentido, a intuição. Você sentirá o
quão extraordinário é: você é o Universo.

A gora que você já tem o método em suas mãos, é hora de agir!
Vamos recapitular algumas dicas práticas?
Busque a leveza por dentro e por fora. Aproveite para um banho na alma, invista em banhos longos de mar, cachoeira, piscina, banheira, ou mesmo no próprio chuveiro. Faça uso de ervas como alecrim, manjericão e arruda, para alterar a energia da casa-corpo. Comece simples. Prepare uma infusão usando galhos de alecrim e/ou manjericão da sua cozinha, pétalas de rosas (se tiver nas flores do seu jardim), ou ainda neutralize energias estagnadoras com um punhado de sal grosso ao fim do banho. Não deixe para depois!
Se optar pelo sal, use-o como se fosse jogar um punhado de cada lado do seu ombro para trás em direção às costas, e sempre do ombro para baixo, nunca na sua cabeça. Com relação às ervas, ferva em água um punhado delas numa panela e abafe com uma tampa. Deixe a solução esfriar, leve para o banheiro num recipiente e, ao final do banho, despeje pelo seu corpo, porém sem enxaguar. Seque o mais natural possível. Existem lojas de produtos naturais que vendem esses preparos em sachês de tecidos prontos para serem usados. Essas *herbal bags*

podem ser penduradas diretamente na saída de água do chuveiro ou no pescoço como uma espécie de bolsinha enquanto a água quente do chuveiro faz o seu papel complementar. O *skincare*, o cuidado com a pele, já na sequência, promove um momento de conexão consigo; afinal, você já estará em contato com seu corpo.

> Lembre-se de que nada vai se resolver se você não agir. Comece agora, não deixe para depois. Você investiu tempo nesta leitura, deseja a transformação, o poder do agora, então faça destas páginas o manual de experiências para seu Laboratório. Pegue um bloco de anotações e planeje pequenas ações todos dias da sua semana; grife aqui no livro, anote as palavras-chave no seu papel e movimente-se.

Se você não começar a aplicar isso, desperdiçará tempo, conhecimento e dinheiro. Faça cada passo valer a pena. Sua mudança está nos passos que você não dá. Vamos lá, ao poder da ação. Faça atividade física, nem que comece por uma volta no quarteirão, e use o jogo do progresso a seu favor. Cada dia aumente o desafio, uns minutos a mais; depois, passe a dar duas voltas, mais vezes na semana, e então vá para uma academia, mas execute sem pressa, porém sem pausas e com harmonia. Cura não combina com pressa. Inspiração e transpiração nos levam à transformação.

Não deixe para iniciar na segunda-feira, o dia internacional dos bons hábitos, pois até lá o seu cérebro já terá arquivado e

Capítulo 15: ARQUITETANDO HARMONIA

dispensado essa informação. Faça agora. Corpo e mente formam um único sistema. Você se sentirá mais disposto, com seu corpo podendo favorecer suas cognições, os hormônios da felicidade sendo liberados. Você chega mais próximo do equilíbrio desejado. Aproveite a atitude como ignição para dar início também na organização intencional da sua casa. Sua mente estará serena, criativa e disposta a coordenar essa operação de se transformar por meio da sua casa.

Haja com intencionalidade. Reveja seus hábitos. Planeje-se para a mudança, coloque tudo no papel. Este é o primeiro passo da ação: crie sua rotina perfeita e, devagar, incorpore novos hábitos. Nesse planejamento, algumas coisas são fundamentais e não podem ficar de fora: você precisa de tempo para si, tempo para a família; por isso, elimine interferências!

Pratique o bem, ame a vida, as pessoas, mas ame sobretudo você. Cada encontro é uma oportunidade mágica para exercermos o nosso papel nessa vida. Os desencontros, erros e fracassos fazem parte dos aprendizados e da nossa evolução. Que tal colocar frases de autoafirmação espalhadas pela sua casa, no fundo de tela do seu celular, do seu computador, no espelho do banheiro, na sua geladeira, num bonito porta-retratos? Podem ser frases conectadas às suas intenções, que o motivem a seguir em sua jornada.

Aproveite para deixar uns bilhetinhos para o marido, para a esposa, para os filhos de vez em quando. Surpreenda-os para surpreender-se depois. Seja gentil e pratique o Servir. Agora, você tem a energia e o discernimento a seu favor. Como dizia Mahatma Gandhi: "Seja você a mudança que você deseja para o mundo".[46]

---

[46] Seja a mudança que você quer ver no... Mahatma Gandhi. **Pensador**, 2022. Disponível em: https://www.pensador.com/frase/OTcxMDg/. Acesso em: 29 jun. 2022.

Pratique o bem,
ame a vida,
as pessoas,
mas ame
sobretudo você.

Capítulo 15: ARQUITETANDO HARMONIA

A partir de hoje, arrume a mesa de refeições como se todos os dias fosse Natal, Páscoa ou aniversário. Todos os dias são especiais; a cada amanhecer, uma nova oportunidade de viver. Não deixe para amanhã o que você pode fazer hoje. Use suas melhores louças, pois a partir de agora você vai manter apenas os objetos que lhe trazem alegria e que o conectam com quem você busca se tornar, com seus objetivos, com o seu eu do futuro.

Use um belo caderninho de gratidão e de manifestação para decorar sua mesinha de cabeceira ou um cantinho energético escolhido por você na sua casa, para respirar com intenção, refletir com imersão, sonhar com paixão, meditar, praticar a atenção plena ou simplesmente relaxar e absorver o conceito do ócio criativo. Isso contribui para despertar o poder do autoconhecimento.

Não somos a nossa profissão ou formação – estas são apenas uma parte de nós, capacitações e habilidades desenvolvidas, talentos aflorados com intenção. Todos nós somos feitos de Luz e sombras, precisamos saber equilibrar os dois lados, entender essa essência, ter um propósito bem definido, talentos direcionados para cumprir nossa verdadeira Missão.

São os nossos valores que se conectam com a nossa essência Divina e nos alinham à grande Natureza, ao Poder do Universo e suas Leis imutáveis. Com esse equilíbrio, conseguiremos ser leves, viver a vida com fluidez, potencializar a nossa energia benéfica, atrair o segredo da boa sorte, aflorar o nosso sexto sentido.

Para alcançar o sucesso, precisamos de intenção, fé e dedicação; sentir com os nossos cinco sentidos e com a intuição para viver uma vida com propósito e significado; uma missão divina cumprida com louvor. Lembre-se de que não estamos sozinhos no Universo, essa é a Grande magia. Somos únicos, mas complementamos uns aos outros.

CASA COMIGO?

Todos nós somos capazes de mudar a nossa realidade, seja ela qual for. É possível nos transformar no que desejamos. A organização da casa é essencial para essa conquista. Fazer a casa ser o primeiro reflexo das nossas novas intenções nos levará a outro patamar – não só de transformação, mas de realização.

Invista seu tempo e dinheiro para viver no meio da Arte, viajando, tendo experiências gastronômicas ou simplesmente contemplando a Natureza. Cuide dos seus pensamentos, sentimentos e atitudes; da sua saúde física, mental, espiritual; da sua energia. Mantenha-se num padrão vibratório elevado. Garanta que esse passo a passo leve-o ao progresso, mesmo que por vezes tenha de olhar para trás para sair do beco sem saída em que se enfiou.

O poder de cocriarmos a nossa realidade por meio da Lei da Atração exige que exercitemos polir nossos pensamentos e intenções e apurar o nosso caráter para, no fim, alcançarmos a paz com a certeza de que demos o nosso melhor.

Lembre-se de que, por meio da harmonia, cultivamos a leveza e a prosperidade em abundância, as quais nos conduzem à verdadeira felicidade, ao bem-estar por meio da nossa casa, expandindo nossa qualidade de vida para todos os que convivem conosco.

Para isso, é preciso que nos comprometamos com a nossa casa!

O CAMINHO DA PROSPERIDADE

Com tudo o que lhe apresentei até aqui, agora você está pronto. Tem em seu poder um passo a passo a seguir, então mãos à obra!

Capítulo 15: ARQUITETANDO HARMONIA

Lembre-se de tudo o que o L.A.B.O.R.A.T.Ó.R.I.O. Sensorial poderá fazer por você. Vibre com todas as células do seu corpo, adquira a leveza necessária, pois ela o conduzirá às alturas, aonde a paz vai reinar. E não se esqueça de que leveza é performance.

> Tenha atitude, poder da ação, movimente-se em direção ao seu sonho, e não pare até conseguir. Persista, insista, recomece se for necessário, trabalhe até conquistar seu objetivo. Confie, continue, aperfeiçoe, melhore, evolua, recomece, quantas vezes for necessário. Você é capaz.

Pautado por bondade e gentileza, você agirá com a verdade no coração, com intenção genuína, passo a passo, sem pressa e sem pausa. Sendo profundo e generoso, a sinceridade o levará adiante.

A sabedoria em manter-se em ordem e a importância de uma hierarquia de prioridades proporcionam visão e harmonia, que por sua vez levam à felicidade e prosperidade em abundância. Cuide de suas casas. Reforme suas casas, pinte-as, ilumine-as. Deixe-as cheirosas, limpas e organizadas; belas, mais que lindas. Faça disso um ritual, e o refaça sempre que sentir necessidade – torne este um evento anual, como um ciclo. Nada mais poderoso, sincronizado e intencionado para a abertura e renovação de um novo ciclo se aproximando.

Conecte-se consigo por meio da Grande Natureza. Observe-a com a atenção, pois ela vai lhe fornecer todas as respostas. Silencie sua mente, sinta, ande descalço, faça o aterramento com a mãe Natureza. Observe o céu, eleve seus pensamentos e sentimentos à altura do Criador, do Universo, do Todo. Lembre-se de que você é parte desse sistema, influencia e é influenciado por ele. Seja sua melhor versão. Todos nós temos a partícula Divina dentro de nós, somos únicos e essenciais ao Sistema.

Envolva-se, inunde-se em Arte. Rodeie-se dela, admire mais a si, as manifestações artísticas; pratique-as, estude-as, viva-as, expresse-se por meio delas, mesmo que pelo seu desenvolvimento pessoal ou essencial, para ser mais exuberante, belo ou expressivo, mais colorido ou monocromático, mas com certeza mais feliz, com o caráter mais elevado. Seja nobre em seus sentimentos e ações.

Leia mais sobre autoconhecimento, estude filosofia, leia poesias, aprenda sobre história, arquitetura; assista a comédias, romances, filmes descontraídos, leves. Adote uma rotina, aja de acordo com o que você quer atrair para sua vida, escute músicas que o farão mais alegre, mais apaixonado, mais reflexivo, mais imersivo, mais leve. Vá a espetáculos, circos, exposições, mostras e museus, visite templos, monumentos e igrejas, parques, praças e jardins apenas para admirar. Você é fruto do meio em que vive, é sua responsabilidade escolher melhor o seu ambiente. Viaje para adquirir mais cultura, trabalhe para viajar mais, tenha tesão pelo seu trabalho, tenha hobbies, escolha um esporte e dedique-se a praticar e cuidar da sua mente, do seu corpo, da sua saúde. Apaixone-se por você, pelo que faz, pelo que é, pelo que quer se tornar. Apaixone-se pelo(a) seu(sua) parceiro(a) e pelos filhos, pelos seus amigos, pelo privilégio da amizade, dos grandes encontros ou pequenos acasos, sempre especiais, mesmo que passageiros. Aproveite o momento presente, apaixone-se pela sua trajetória, pela sua história, por seus erros e acertos, que o trouxeram até aqui e o fizeram mais forte.

Capítulo 15: ARQUITETANDO HARMONIA

Pinte uma parede, mude os móveis de lugar, ressignifique objetos, lave sua alma com arte. Enjoou do que fez? Então faça mais uma vez. Não se esqueça de trocar as lâmpadas da sua casa para aquelas de temperatura de cor sempre quente. Quente como o calor do afeto. Cuide de suas plantas, tenha mais delas; cultive-as inclusive dentro da sua casa. Cerque-se de flores, pois elas têm muito para te oferecer, e não se esqueça dos cristais. Tome mais sol, mais banhos, beba mais água, olhe para o céu. Use e abuse da conexão com os elementos da Natureza. Escreva e descreva suas emoções, registre suas passagens de vida, tenha um diário, faça álbum de fotos. Ninguém pode contar a sua história melhor do que você mesmo. Exercite a gratidão, sorria mais, se arrume mais, descanse proporcionalmente ao seu esforço. Sonhe acordado, viva apaixonado, eduque com amor, se relacione com intensidade e cuidado, porque tudo o que você foca expande. Se é para expandir os horizontes e culturas, amplie e enriqueça seu repertório e sinta muita gratidão, pois ela multiplica tudo o que é bom, cura a sua mente e promove a cocriação.

Essa é a certeza que você precisa ter para ressignificar suas crenças, pensamentos e eliminar medos. Querer pode ser poder, desde que você decida arriscar e não desistir. Parta para a ação imediata e não tenha pressa. Tudo a seu tempo. Mas se esforce, faça valer a pena, viva com alegria, intensidade, paixão, coragem, humildade, sabedoria.

Dê o seu máximo usando os conhecimentos adquiridos, sua força de vontade. Lembre-se de que é para você, sobre você, por você. Reforce seus valores, valorize sua história, suas cicatrizes. Faça uma imersão profunda e curadora ao *core*, ao núcleo, ao centro da sua alma. Faça esse balanço e encontre o *Izunomê*, o ponto de equilíbrio, o verdadeiro equilíbrio entre a

CASA COMIGO?

razão e a emoção, entre o vertical e o horizontal, entre o claro e o escuro, entre a luz e a sombra. O caminho do meio, o ponto de vital força e energia.

E não se esqueça de dizer obrigado o quanto puder. Isso atrai a boa sorte e o esbalda de energia positiva, que se multiplica por todas as células do seu corpo em uma velocidade e intensidade contagiantes para todos a sua volta, além de atrair o que realmente deseja.

É possível alcançar seus objetivos, sonhar grande, viver com intenção genuína, ter uma vida criativa, ligar-se à ordem e harmonia, conectar os seus sentidos (5 + 1 = visão, audição, olfato, paladar, tato e intuição) a sua espiritualidade. E é só acreditar que você pode realizar, com gratidão no coração e presença para ter razão, contar uma linda história, inspirar quem está a sua volta e deixar um lindo legado as suas próximas gerações. Faça a diferença e desempenhe seu papel no mundo.

O paraíso está dentro de nós. Com essa consciência, vamos conseguir concretizar nosso objetivo com o Universo. Somos seres em evolução que, com emoção e razão em equilíbrio, harmonia e prosperidade, nos tornaremos verdadeiramente felizes.

Casa comigo?

Comprometa-se com a sua casa e seja feliz sempre!

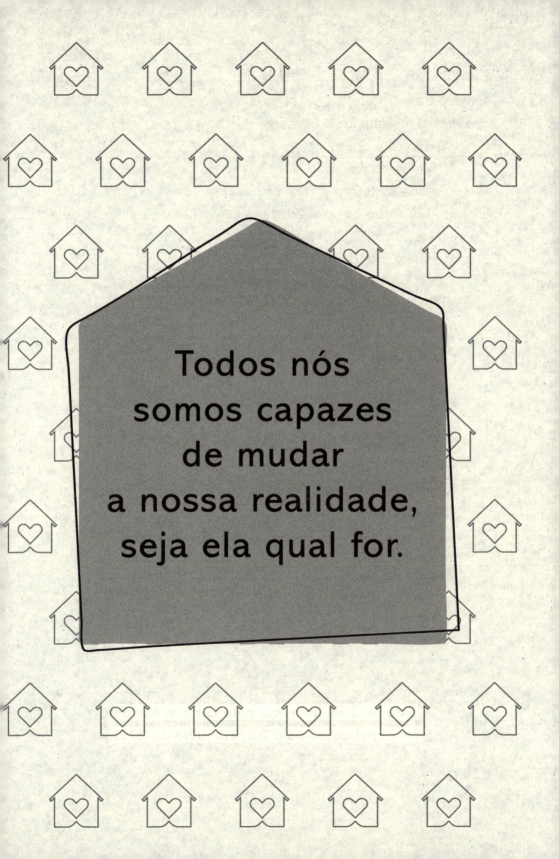

Todos nós somos capazes de mudar a nossa realidade, seja ela qual for.

Este livro foi impresso pela Gráfica Assahi
em papel pólen bold 70g em julho de 2022.